DIE 100 BESTEN

DEUTSCHEN FUSSBALLER UND FUSSBALLERINNEN

Stand der Informationen: Juli 2022

ISBN 978-3-8458-4907-2

www.arsedition.de

JENS DREISBACH

DIE 100 BESTEN
DEUTSCHEN FUSSBALLER UND FUSSBALLERINNEN

Ein Kuss für den Pokal: Mario Götze, Schütze des entscheidenden Treffers im WM-Finale 2014 gegen Argentinien, herzt die Trophäe. Seither leuchten vier Sterne am deutschen Trikot. Wann wird die deutsche Elf den fünften Titel holen?

Inhalt

Die Kapitänin im Hunderterklub: Im Achtelfinale der Weltmeisterschaft 2019 feierte Alexandra Popp ihr 100. Länderspiel mit dem Führungstreffer gegen Nigeria.

Ätschibätsch: Kai Havertz hat soeben das spielentscheidende Tor für den FC Chelsea im Champions-League-Endspiel 2021 geschossen. 21 Tage später trifft der Youngster bei der Europameisterschaft 2021 gegen Portugal zum 3:1 und wird damit zum jüngsten deutschen EM-Torschützen der Geschichte.

Treffsicheres Duo: Klara Bühl (l.) war die deutsche Top-Torschützin in der Qualifikation zur EM 2022, Lea Schüller (r.) traf in den letzten drei Spielzeiten der Bundesliga stets 16-mal und netzte im Durchschnitt auch in zwei von drei Länderspielen ein.

Die 100 besten Spieler und Spielerinnen Deutschlands

Die deutsche Nationalmannschaft der Herren hat vier Weltmeisterschaften und drei europäische Turniere gewonnen, die deutschen Frauen zwei WM-Titel, acht Europameisterschaften und 2016 olympisches Gold. Zählt man beides zusammen, dann wird schnell klar: Keine andere Fußballnation kann eine vergleichbare Titelsammlung vorweisen. Der deutsche Fußball hat Weltklassespieler und -spielerinnen im Überfluss hervorgebracht. Viele gute Gründe, um die Besten der Besten genauer unter die Lupe zu nehmen: die Top-Elf der Frauen und 89 Männer – dazu die größten Legenden, die besten Spieler der Schwarz-Weiß-Ära, besondere Kicker und ihre Geschichten sowie die hoffnungsvollsten Talente von heute.

89 Männer

Vier Weltmeistertitel – mehr hat nur Brasilien – und drei Titel bei Europameisterschaften – so viele hat außerdem nur Spanien – stehen zu Buche. Viele Helden dieser Turniere und so mancher Kämpfe in der Bundesliga, dem Pokal und den europäischen Wettbewerben tummeln sich auf den folgenden Seiten.

Die besten deutschen Spieler sind nach ihren Positionen geordnet. Doch während die Position des Torhüters glasklar feststeht, ist das bei Feldspielern nicht so einfach. Denn die taktischen Systeme haben sich über die Jahre und Jahrzehnte immer wieder geändert. Den Libero gibt es längst nicht mehr, den klassischen Spielmacher immer seltener und manche Mannschaft spielt heute sogar ohne echte Neun. Während es früher Vorstopper und Manndecker gab, agieren heute fast alle Mannschaften mit einer Viererkette mit zwei Innen- und zwei Außenverteidigern.

Die besten Spieler werden in sieben Kapiteln vorgestellt: Torhüter, Innen- und Außenverteidiger, defensive und offensive Mittelfeldspieler sowie Außen- und Innenstürmer. Ihre besonderen Momente, größten Erfolge und individuellen Geschichten stehen im Mittelpunkt.

Zu diesen Geschichten gehören die Antworten auf diese Fragen: Welche Katze hat früher das deutsche Tor gehütet? Wer spielte bei Weltmeisterschaften gleich zweimal gegen seinen Bruder? Wer war der Erfinder der Bananenflanke? Welcher »Oberkellner« wurde Weltmeister? Wer war der kölsche Garrincha? Welche deutsche Ente wäre fast mit Holland Weltmeister geworden? Welcher Stürmer lernte alles von Gerd Müller – per Telepathie?

Ganz klar ein Vorurteil: Immer wieder wird behauptet, Männer hätten nur Fußball im Kopf.

Pssst, nicht weitersagen: Falls die deutsche Nationalmannschaft das Endspiel der Weltmeisterschaft 2022 in Katar erreicht, wäre dies zugleich die 1000. Partie der deutschen Länderspielgeschichte. Spiel Nummer 500 fand 1984 bei der Europameisterschaft in Frankreich statt, als Rudi Völler (M.) gegen Rumänien nicht nur das 1:0 köpfte, sondern auch zum 2:1-Endstand traf.

Nicht nur gucken, auch anfassen: Thomas Müller präsentiert gewohnt volksnah die Trophäe für die Meisterschaft 2022. Seit 2013 gab es nur noch einen Deutschen Meister, den FC Bayern München. Zehn Titel in Folge, bei denen neben Müller nur Manuel Neuer jedes Mal dabei war. Wer wohl die nächste Mannschaft sein wird, die die Dominanz der Bayern brechen kann?

Blutjunge Debütanten: Nicht nur Thomas Müller und Co. bekamen 2022 ihre Meistermedaille überreicht, sondern auch die Youngster Gabriel Vidovi (18, l.) und Paul Wanner (16, r.) – beide machten in der Saison addiert sieben Spiele und standen insgesamt 68 Minuten auf dem Platz. Insbesondere Youngster Wanner ist eine ganz große Karriere prophezeit worden, aber bis dahin fließt noch viel Wasser die Isar hinunter.

Das verflixte siebte Mal: Nationaltorhüter Kevin Trapp war der Spieler des Abends, als Eintracht Frankfurt im Mai 2022 die Trophäe der Europa League gewann. Der erste Titel für ein deutsches Team in der Liga, die 2009 den UEFA-Pokal abgelöst hat, den deutsche Mannschaften seit 1971 sechsmal gewonnen haben – darunter die Eintracht 1980 im deutsch-deutschen Duell gegen Titelverteidiger Borussia Mönchengladbach.

11 Frauen

Frauen haben es seit jeher schwer in der Männerdomäne Fußball. Über viele Jahre verhinderten männliche Funktionäre den organisierten Frauenfußball, zögerten die Formierung einer Nationalmannschaft heraus und belohnten dann die ersten Europameisterinnen mit einem Kaffeeservice – wie charmant!

Längst ist der Fußball der Frauen genauso professionell wie bei den Männern und längst hat die Nationalelf mehr große Titel auf dem Konto. Und während die Männer seit 1955 achtmal die europäische Königsklasse gewinnen konnten, haben die Frauen in der Champions League seit 2001 neun Titel abgeräumt. Was alleine fehlt, ist der Zuspruch des Publikums, den der Frauenfußball sich in den letzten Jahrzehnten mehr als verdient hat.

Die Storys rund um den deutschen Frauenfußball geben Antwort nicht nur auf diese Fragen: Welcher Verein schaffte das Wunder von Taipeh? Welchem Golden Girl gelang das Golden Goal? Wer waren die legendären Torbienen? Und welche Prinz ist die Königin des deutschen Fußballs?

Lena Lattwein, Alexandra Popp, Sandra Starke und Tabea Waßmuth (v. l.) feiern die Meisterschaft 2021/22 – bereits Titel Nummer sieben für den VfL Wolfsburg, der damit mit Bundesligarekordmeister 1. FFC Frankfurt gleichzog. Waßmuth war mit 13 Treffern die torhungrigste Wölfin und hinter Lea Schüller vom FC Bayern München die zweitbeste Goalgetterin der Saison.

Acht Spiele, acht Siege, 46:1 Tore – die deutsche Nationalmannschaft schaffte die Qualifikation für die Europameisterschaft der Frauen 2022 in England gewohnt souverän, allerdings ohne eine Top-Torschützin. Klara Bühl zeigte sich mit sechs Toren am treffsichersten, insgesamt trugen sich sage und schreibe 22 Spielerinnen in Schwarz und Weiß in die Torschützenliste ein.

Die Top 100 der Spieler und Spielerinnen in diesem Buch

Lothar Matthäus mit dem Weltmeisterpokal 1990. Kein anderer Spieler hat die Nationalmannschaft und den deutschen Fußball so geprägt wie der schussstarke Mittelfeldmotor. Mit 150 Länderspielen ist Matthäus die unangefochtene Nummer eins im Nationaltrikot. Sein Debüt gab der 19-Jährige bei der Europameisterschaft 1980 gegen die Niederlande, seinen Abschied mit 39 Jahren bei der EM 2000 gegen Portugal.

Birgit Prinz, die überragende Mittelstürmerin des deutschen Fußballs, reckt 2007 den Weltmeisterpokal in die Höhe – in ihrem dritten WM-Finale traf die Goalgetterin vom Dienst endlich und schoss die deutsche Elf zur Titelverteidigung. Mit 128 Toren in 214 Länderspielen ist die ewige Frankfurterin den männlichen Vertretern der hohen Fußballkunst weit voraus.

Rüdiger Abramczik
Klaus Allofs
Nadine Angerer
Klaus Augenthaler
Michael Ballack
Mario Basler
Franz Beckenbauer
Oliver Bierhoff
Jérôme Boateng
Marco Bode
Rainer Bonhof
Andreas Brehme
Paul Breitner
Hans-Peter Briegel
Guido Buchwald
Manni Burgsmüller
Bernard Dietz
Stefan Effenberg
Dieter Eilts
Lothar Emmerich
Klaus Fischer
Doris Fitschen
Heinz Flohe
Karlheinz Förster
Arne Friedrich

Torsten Frings
Kerstin Garefrekes
Serge Gnabry
Mario Götze
Mario Gómez
Leon Goretzka
Jürgen Grabowski
Inka Grings
İlkay Gündoğan
Thomas Häßler
Jonas Hector
Thomas Helmer
Jupp Heynckes
Ariane Hingst
Uli Hoeneß
Horst-Dieter Höttges
Mats Hummels
Bodo Illgner
Steffi Jones
Oliver Kahn
Manfred Kaltz
Sami Khedira
Joshua Kimmich
Ulf Kirsten
Jürgen Klinsmann

Miroslav Klose
Andreas Köpke
Jürgen Kohler
Toni Kroos
Philipp Lahm
Jens Lehmann
Stan Libuda
Renate Lingor
Pierre Littbarski
Felix Magath
Sepp Maier
Dzsenifer Marozsán
Lothar Matthäus
Per Mertesacker
Andreas Möller
Dieter Müller
Gerd Müller
Thomas Müller
Günter Netzer
Manuel Neuer
Norbert Nigbur
Mesut Özil
Wolfgang Overath
Lukas Podolski
Birgit Prinz

Marco Reus
Stefan Reuter
Kalle Riedle
Rolf Rüssmann
Kalle Rummenigge
Matthias Sammer
Leroy Sané
Célia Šašić
Bernd Schneider
Mehmet Scholl
André Schürrle
Toni Schumacher
Bernd Schuster
Hans-Georg Schwarzenbeck
Bastian Schweinsteiger
Uwe Seeler
Marc-André ter Stegen
Uli Stein
Uli Stielike
Olaf Thon
Rudi Völler
Berti Vogts
Bettina Wiegmann
Herbert Wimmer
Christian Ziege

Die deutschen Top-Spieler

Miroslav Klose trägt sich in die Geschichtsbücher ein. Das 2:0 gegen Brasilien bei der Weltmeisterschaft 2014 war sein 16. WM-Treffer, womit er Brasiliens Ronaldo überflügelte und zum erfolgreichsten Schützen der Turniergeschichte wurde. Und auch die Partie war historisch: Die deutsche Elf siegte 7:1 und gewann fünf Tage später gegen Argentinien den Titel.

Torhüter

Auf einer Position hat es in Deutschland nie einen Mangel gegeben: Alle Bundestrainer hatten eher mit Luxusproblemen zu kämpfen, weil sie einen oder zwei Weltklassetorhüter auf die Bank setzen mussten. Das ist allerdings kein Naturgesetz – und es wird spannend sein, wer die deutsche Nummer eins sein wird, wenn Manuel Neuer seinen Rücktritt erklärt, denn längst stehen zwischen den Pfosten vieler Bundesligisten Keeper aus aller Herren Länder.

Top 10 der deutschen Torhüter

	Spieler	Stammverein	Profijahre
1.	Manuel Neuer	FC Bayern München	2005–
2.	Oliver Kahn	FC Bayern München	1987–2008
3.	Toni Schumacher	1. FC Köln	1972–1996
4.	Sepp Maier	FC Bayern München	1962–1979
5.	Bodo Illgner	1. FC Köln	1985–2001
6.	Andreas Köpke	1. FC Nürnberg	1979–2001
7.	Jens Lehmann	FC Schalke 04	1988–2011
8.	Uli Stein	Hamburger SV	1976–1997
9.	Marc-André ter Stegen	Borussia Mönchengladbach	2009–
10.	Norbert Nigbur	FC Schalke 04	1966–1985

10 Norbert Nigbur

Norbert Nigbur (*1948)

Wichtigste Vereine:
FC Schalke 04 1966–1976, 1979–1983, Hertha BSC 1976–1979

Nationalmannschaft:
1974–1980, 6 Spiele

Größte Erfolge:
Weltmeister 1974

Sie nannten ihn »Wildkatze«: Ob es daran lag, dass Norbert Nigbur die Haare stets schöner hatte als andere Torhüter – wer weiß? Ebenfalls unklar: Warum der gebürtige Gelsenkirchener und Ur-Schalker ein Torwartdress in Gelb und Schwarz für angebracht hielt. In den 1970er-Jahren stand der sprungstarke Keeper im Schatten Sepp Maiers, bei der EM 1980 sollte endlich seine große Stunde schlagen, woraus wegen einer Meniskusverletzung allerdings nichts wurde.

9 Marc-André ter Stegen

Für immer Prinz? Keine Krönung zum König? Marc-André ter Stegen kratzt auch dieses Leder von der Torlinie und gehört seit Jahren zu den besten Keepern Europas und der Welt. Trotzdem droht ihm das Schicksal Prince Charles', denn König Manuel Neuer ist gerade einmal sechs Jahre älter und noch längst nicht amtsmüde. Auf lediglich 28 Partien im Nationaltrikot hat es ter Stegen bis dato gebracht, keine einzige bei einem großen Turnier.

Marc-André ter Stegen (*1992)

Wichtigste Vereine:
Borussia Mönchengladbach 2009–2014

Nationalmannschaft:
2012–, 28 Spiele

Größte Erfolge:
Spanische Meisterschaft 2015, 2016, 2018, 2019, Spanischer Pokal 2015, 2016, 2017, 2018, 2021, Champions League 2015

Talent
Florian Müller

Mit Finn Dahmen, Lennart Grill oder Luca Unbehaun gibt es einige junge Torhüter-Talente – ob sie sich in den nächsten Jahren so entwickeln, dass sie in die Fußstapfen der großen deutschen Torhüter treten können, steht allerdings in den Sternen, denn sie haben es zunehmend schwer, in der Bundesliga Erfahrung sammeln zu können. Toptalent Alexander Nübel wich in die französische Liga aus, um auf hohem Niveau zu spielen. Aussichtsreiche Karten hat aktuell Florian Müller (Foto), der sich in der Bundesliga durchsetzen und bei Mainz 05 und dem VfB Stuttgart auf sich aufmerksam machen konnte.

Torhüter in Schwarz-Weiß
Bert Trautmann

Traut the Kraut: Ende des Zweiten Weltkriegs geriet der blutjunge Bert Trautmann in britische Gefangenschaft. 1948 wurde er freigelassen, blieb in England und stand zwischen 1949 und 1964 545-mal zwischen den Pfosten von Manchester City. Im Finale des FA Cups 1956 in Wembley erlitt er einen Genickbruch, spielte weiter und hielt die Null. Fraglos einer der besten Torhüter seiner Zeit, wurde er nie in die deutsche Nationalmannschaft berufen, weil Bundestrainer Sepp Herberger keine Legionäre einsetzen wollte.

8 Uli Stein

Uli Stein
(*1954)

Wichtigste Vereine:
Arminia Bielefeld 1976–1980, 1995–1997, Hamburger SV 1980–1987, 1994–1995, Eintracht Frankfurt 1987–1994

Nationalmannschaft:
1983–1986, 6 Spiele

Größte Erfolge:
Deutscher Meister 1982, 1983, Deutscher Pokalsieger 1987, 1988, Europapokalsieger der Landesmeister 1983

Torheit schützt vor Alter nicht: In seinem letzten Bundesligaspiel, 1997 gegen seinen HSV, war Uli Stein (2. v. l.) 42 Jahre, 5 Monate und 19 Tage alt und ist damit der älteste Torwart, der je in der ersten deutschen Spielklasse die Pfosten hütete. Das »Hamburger Abendblatt« wusste schon 1980: »Uli Stein hält alles, nur nicht seinen Mund.« Auch nicht in Richtung von Teamchef Franz Beckenbauer (l.), den er während der WM 1986 einen »Suppenkasper« hieß, weswegen seine Karriere in der Nationalmannschaft nach nur sechs Spielen abrupt endete, obwohl er zweifelsohne einer der besten Keeper seiner Zeit war.

Torhüter in Schwarz-Weiß
Hans Tilkowski

Als Fußball noch in Schwarz-Weiß gespielt wurde, hatte Deutschland auch schon herausragende Torhüter, ob Heiner Stuhlfauth vom 1. FC Nürnberg in den 1920er-Jahren, Hans Jakob vom SSV Jahn Regensburg in den 1930er-Jahren oder Toni Turek von Fortuna Düsseldorf in den 1950er-Jahren. In den 1960er-Jahren hielt Hans Tilkowski (l.) von Borussia Dortmund, was zu halten war. Nichts ausrichten konnte er allerdings im WM-Endspiel 1966 gegen das berühmt-berüchtigte Wembley-Tor – auch seine Beschwerde bei einem englischen Polizisten führte letztlich zu nichts.

Außer Konkurrenz
Hans Jörg Butt

Schon wieder die alte Dame! Hans Jörg Butt, der in der Bundesliga 26-mal vom Punkt traf, verwandelt auch in der Champions League sicher zum 1:1 gegen Juventus – am Ende gewinnt Bayern 4:1 in Turin. Es war bereits der dritte Treffer für Butt in der Königsklasse. Die ersten beiden? Ebenfalls gegen Juventus Turin: 2000 beim 4:4 für den HSV und 2002 beim 3:1 für Bayer Leverkusen.

7 Jens Lehmann

Jens Lehmann (*1969)

Wichtigste Vereine: FC Schalke 04 1988–1998, Borussia Dortmund 1999–2003, FC Arsenal 2003–2008

Nationalmannschaft: 1998–2008, 61 Spiele

Größte Erfolge: Deutscher Meister 2002, Englischer Meister 2004, Englischer Pokalsieger 2005, UEFA-Pokal-Sieger 1997

So 'n Mist! Und ausgerechnet im Champions-League-Finale. Jens Lehmann (l.) schaut Samuel Eto'o hinterher und ahnt längst, was gleich passieren wird. Nach der fälligen Roten Karte verliert Arsenal das Endspiel gegen Barça 1:2. Im Achtelfinale hatten die Gunners Real geschlagen, im Viertelfinale Juve und im Halbfinale Villarreal – jeweils zu null. 853 Minuten ohne Gegentor – ein Rekord (bis auf Weiteres) für die Ewigkeit!

Ohne Gegentor in der Champions League

	Spieler	Minuten ohne Gegentor	Jahr	Verein
1.	Jens Lehmann	853	2005/06	FC Arsenal
2.	Keylor Navas	737	2014–2016	Real Madrid
3.	Edwin van der Sar	657	1995/96	Ajax Amsterdam
4.	Dida	622	2004/05	AC Mailand
5.	Bodo Illgner	593	1998	Real Madrid

Lesen bildet. Noch ist Jens Lehmann versunken in die Lektüre, im Anschluss steckt er den Spickzettel mit den Vorlieben der argentinischen Spieler in den Stutzen und tritt beim fälligen Elfmeterschießen im Viertelfinale des »Sommermärchens« 2006 zwischen die Pfosten. Bei jedem einzelnen argentinischen Schützen fliegt er in die richtige Ecke, hält gegen Roberto Ayala, hält gegen Esteban Cambiasso, und Deutschland stand im Halbfinale der Weltmeisterschaft.

6 Andreas Köpke

Rivalen der Rennbahn: Über Jahre lieferten sich Andy Köpke (l.) und Bodo Illgner (r.) ein erbittertes Duell um die Nummer eins im deutschen Tor. Bei den Weltmeisterschaften 1990 und 1994 und der Europameisterschaft 1992 hatte Köpke stets das Nachsehen. Doch Rache ist Blutwurst: Beim Spiel seines FCN gegen Illgners FC 1992 schnappte sich der Keeper den Ball und verwandelte einen Foulelfmeter eiskalt – der zwischenzeitliche Ausgleich, und am Ende drehten die Franken die Partie sogar noch.

Andreas Köpke (*1955)

Wichtigste Vereine:
1. FC Nürnberg 1986–1994, 1998–2001

Nationalmannschaft:
1987–1998, 59 Spiele

Größte Erfolge:
Weltmeister 1990,
Europameister 1996

Matthias Sammer (l.) lässt noch einen Urschrei raus, während Andy Möller (M.) und Andy Köpke (r.) schon deutlich entspannter sind. 1996 war Köpkes Jahr: In der Vorrunde der Europameisterschaft kassierte er nicht ein Tor, entschied das Halbfinale gegen England, als er im Elfmeterschießen gegen Gareth Southgate parierte, und war der große Rückhalt des Europameisters. Nicht nur wurde er zum besten Keeper des Turniers gewählt, sondern auch zum Welttorhüter des Jahres 1996.

Außer Konkurrenz
Jan Rosenthal

Der Elfmeterkiller: Dieter Hecking, Trainer von Hannover 96, hatte das Wechselkontingent bereits ausgeschöpft. Und dann das: Torhüter Florian Fromlowitz musste nach einer angeblichen Notbremse im niedersächsischen Duell gegen den VfL Wolfsburg den Platz verlassen. Offensivmann Jan Rosenthal griff sich die Torwarthandschuhe und nahm in Erwartung des fälligen Elfmeters Aufstellung zwischen den Pfosten. Blitzschnell tauchte er in die linke Ecke und parierte Edin Džekos ebenso platzierten wie harten Schuss – eine fantastische Parade, die nicht viele Bundesligakeeper im Repertoire haben.

Legende
Roman Weidenfeller

A GRANDIOS

Grandios! Famos! Oder, anders gesagt: noch mal besser als Lothar Matthäus. Der hatte mit »I hope we have a little bit lucky« zwar durchaus für Erheiterung gesorgt, aber Roman Weidenfeller stieß in gänzlich neue Sphären der denglischen Fußballpoesie vor: »I think we have a grandios Saison gespielt!« Und: »All the team was famos.« Besser hätte man es nicht sagen können, denn Borussia Dortmund war 2011 grandios Meister geworden und Roman Weidenfeller hatte famos gehalten: In 34 Spielen kassierte er nur 22 Tore und behielt 14-mal die weiße Weste.

5 Bodo Illgner

Die Begierde steht Diego Maradona (l.) ins Gesicht geschrieben. Alles gäbe er, um an das Runde heranzukommen. Doch Bodo Illgner bleibt standhaft und gibt das Leder nicht her. Gut so: Kurz darauf war das Spiel vorbei und Deutschland hatte den dritten Stern am Trikot. Mit 19 Jahren hatte Illgner das Tor des 1. FC Köln übernommen, mit 20 Jahren sein erstes Länderspiel gemacht, war mit 21 Stammtorhüter der Nationalmannschaft geworden – und nun mit 23 Jahren Weltmeister, als jüngster Torhüter der Geschichte.

Bodo Illgner (*1967)

Wichtigste Vereine:
1. FC Köln 1985–1996, Real Madrid 1996–2001

Nationalmannschaft:
1987–1994, 54 Spiele

Größte Erfolge:
Weltmeister 1990, Spanischer Meister 1997, 2001, Champions-League-Sieger 1998, 2000

Alles, nur keine gewöhnliche Spielerfrau: Bianca Illgner, Bodo Illgners Managerin, war die sicherlich härteste Verhandlungspartnerin, mit der es die Verantwortlichen des 1. FC Köln und Real Madrids je zu tun bekamen. 1996 flog sie in einer Nacht- und Nebelaktion im Charterflugzeug in die spanische Hauptstadt und machte ihren Mann zum Keeper der Königlichen. »Ich wollte immer schon gern ins Ausland«, gab sie später zu Protokoll. Bodo sicherlich auch – zwei Jahre nach dem Wechsel verband er das Angenehme mit dem Nützlichen und gewann mit Real die Königsklasse.

Pleiten, Pech und Pannen-Oli: Oliver Reck greift daneben und guckt blöd aus der Wäsche, Thomas Brdaric nickt ein und Leverkusen gewinnt im Herbst 1999 3:2 gegen Schalke. Wegen Szenen wie dieser galt der Torwart von Werder Bremen und Schalke 04 als witzigster aller Fliegenfänger. Üble Nachrede! Denn tatsächlich hielt Oliver Reck dann und wann kreisklasse, dafür aber umso öfter weltklasse: In 177 seiner 471 Bundesligapartien hielt er den Kasten sauber – in weit mehr als einem Drittel aller Spiele. Zum Vergleich: Sepp Maier behielt nur in 138 Partien (29 %) seine weiße Weste.

Weiße Westen absolut

	Torhüter	Stammverein	Anzahl
1.	Manuel Neuer	FC Bayern München	214
2.	Oliver Kahn	FC Bayern München	204
3.	Oliver Reck	Werder Bremen	177
4.	Eike Immel	Borussia Dortmund/VfB Stuttgart	148
5.	Uli Stein	Hamburger SV	146

Weiße Westen prozentual

	Torhüter	Stammverein	Prozent
1.	Manuel Neuer	FC Bayern München	46 %
2.	Oliver Reck	Werder Bremen	38 %
3.	Raimond Aumann	FC Bayern München	38 %
4.	Oliver Kahn	FC Bayern München	37 %
5.	Horst Wolter	Eintracht Braunschweig	35 %

4 Sepp Maier

Josef »Sepp« Maier (*1944)

Wichtigster Verein:
FC Bayern München 1962–1979

Nationalmannschaft:
1966–1979, 95 Spiele

Größte Erfolge:
Weltmeister 1974, Europameister 1972, Deutscher Meister 1969, 1972, 1973, 1974, Deutscher Pokalsieger 1966, 1967, 1969, 1971, Europapokalsieger der Pokalsieger 1967, Europapokalsieger der Landesmeister 1974, 1975, 1976

Trio infernale: In die Regionalligasaison 1964/65 startete der FC Bayern mit Sepp Maier (M.) und den beiden Neuzugängen Gerd Müller (l.) und Franz Beckenbauer (r.), Ersterer 20, Letzterer 18 Jahre jung. Sie stiegen in die Bundesliga auf und wurden 1969 erstmals Klassenprimus. Weitere dreimal gewannen sie die Meisterschaft, viermal den Pokal, einmal den Europapokal der Pokalsieger, dreimal den Europapokal der Landesmeister. Sie waren die Anführer der Nationalmannschaft bei den Weltmeisterschaften 1970 und 1974 und der Europameisterschaft 1972. Kurz: Sie waren das beste Trio, das der deutsche Fußball je hervorgebracht hat.

Seien wir mal ehrlich: Anders als bei den vorhergehenden Turnieren brannte die deutsche Elf bei der Weltmeisterschaft 1974 über weite Strecken kein Feuerwerk ab. Die bescheidene erste Finalrunde endete mit der geschichtsträchtigen Pleite gegen die DDR, in der »Nacht von Malente« kam es zur Rebellion gegen Trainer Helmut Schön, und die spektakulärste Partie auf dem Weg ins Finale war die »Wasserschlacht von Frankfurt« – allerdings nicht wegen der hohen Fußballkunst, sondern wegen der hohen Pegelstände auf dem Rasen. Nach dem Finale war das alles jedoch Schnee von gestern: Hin und her war es gegangen, in der zweiten Halbzeit hielt Sepp Maier, was zu halten war, und den Titel fest.

Die Katze von Anzing: Am 14. Juli 1979 gewitterte es schwer und goss aus Kübeln. Auf dem Heimweg von München nach Anzing baute Sepp Maier einen schweren Unfall. Es wurden zunächst nur Rippenbrüche diagnostiziert, dann aber schwere innere Verletzungen entdeckt, die eine Notoperation nötig machten. Mit 35 im besten Torhüteralter, musste Maier seine Handschuhe an den Nagel hängen. Von dem Geld der Berufsunfähigkeitsversicherung kaufte er ein Tenniscenter, mit dem er laut eigenem Bekunden mehr verdiente als mit seiner Fußballkunst.

3 Toni Schumacher

Harald »Toni« Schumacher (*1954)
Wichtigster Verein: 1. FC Köln 1972–1987
Nationalmannschaft: 1979–1986, 76 Spiele
Größte Erfolge: Europameister 1980, Deutscher Meister 1978, 1996, Deutscher Pokalsieger 1977, 1978, 1983

Zocker unter sich – Toni Schumacher: »Häste die 200 Mark im Stutzen?« Paul Breitner: »Ja mei, und selbst?« Anfang der 1980er-Jahre soll der »Tünn« vor den Partien des 1. FC Köln gegen Bayern München mit Paul Breitner um 200, mit Kalle Rummenigge um 500 Mark gewettet haben, dass er ihre Elfmeter halten würde. Das Geld hatten sie im Stutzen dabei, um direkt nach dem Spiel zahlen zu können. Zum Duell gegen Rummenigge kam es nie, Breitner trat 1981 und 1982 zweimal vom Punkt an – und war um 400 Mark reicher.

Elfmeterkiller der Bundesliga

	Torhüter	Stammverein	Elfmeter	gehalten
1.	Rudi Kargus	Hamburger SV	72	24
2.	Norbert Nigbur	FC Schalke 04	62	21
3.	Toni Schumacher	1. FC Köln	84	19
4.	Andreas Köpke	1. FC Nürnberg	45	17
5.	Richard Golz	Hamburger SV	53	17

Toni Schumacher starrt in die Dunkelheit und geht die »Nacht von Sevilla« noch einmal durch. Eine Stunde zuvor hat er Patrick Battiston vom Spielfeld ins Krankenhaus gecheckt, nach 90 Minuten stand es 1:1 im Halbfinale der WM 1982 gegen Frankreich, nach 120 Minuten 3:3. Im Elfmeterschießen verschoss Uli Stielike, aber Toni Schumacher tauchte gegen Didier Six rechts ab, tauchte gegen Maxime Bossis rechts ab, machte seinem Ruf als Elfmetertöter alle Ehre und brachte die deutsche Elf ins Endspiel gegen Italien.

Erst Anpfiff, dann Abpfiff: Im Februar 1987 veröffentlichte Toni Schumacher sein Enthüllungsbuch »Anpfiff«, in dem er kein Blatt vor den Mund nahm, offenherzig über »Stärkungschemie« im Fußball berichtete, Eskapaden in der Nationalmannschaft ausplauderte und weitere Tabubrüche in petto hatte. Der 1. FC Köln suspendierte ihn umgehend, der DFB erklärte kurz darauf – an seinem 33. Geburtstag – seine Nationalmannschaftskarriere für beendet. »Lieber ein Knick in der Laufbahn als im Rückgrat«, kommentierte der Tünn später lapidar.

Legende
Timo Hildebrand

Giovane Elber (l.) und Michael Ballack (M.) mit langen Beinen, Timo Hildebrand (r.) mit längeren Armen. Nach Elbers zweitem Tor am 33. Spieltag 2002/03 lief die Uhr und stoppte erst wieder am 9. Spieltag 2003/04 in Bremen, als Angelos Charisteas der zwischenzeitliche Anschlusstreffer gegen den VfB Stuttgart gelang. Fast zehn Spiele lang hatte Timo Hildebrand jeden Ball gehalten, der auf sein Tor gekommen war, und nicht ein einziges Mal hinter sich greifen müssen.

Am längsten ohne Gegentor in der Bundesliga

	Torhüter	Minuten ohne Gegentor	Jahr	Verein
1.	Timo Hildebrand	885	2003	VfB Stuttgart
2.	Oliver Kahn	805	2002/03	FC Bayern München
3.	Manuel Neuer	771	2011	FC Bayern München
4.	Oliver Kahn	736	1998/99	FC Bayern München
5.	Manuel Neuer	689	2014	FC Bayern München

2 Oliver Kahn

Oliver Kahn
(*1969)

Wichtigste Vereine:
Karlsruher SC 1987–1994,
FC Bayern München 1994–2008

Nationalmannschaft:
1995–2006, 86 Spiele

Größte Erfolge:
Europameister 1996, Deutscher Meister 1997, 1999, 2000, 2001, 2003, 2005, 2006, 2008, Deutscher Pokalsieger 1998, 2000, 2003, 2005, 2006, 2008, Champions-League-Sieger 2001, UEFA-Pokal-Sieger 1996

Elfmetertitan: Im Champions-League-Finale 1999 hatten die Bayern bis zur 90. Minute 1:0 gegen Manchester United geführt und doch alles verspielt. 2001, nur vier Tage nach dem dramatischsten Saisonfinale der Bundesligageschichte, standen sie wieder im Endspiel der Königsklasse, diesmal gegen den FC Valencia. Es wurde ein Duell der Torhüter: Santiago Cañizares gegen Oliver Kahn. Schon während der 120 Minuten hatte es drei Elfmeter gegeben und auch die Entscheidung fiel vom Punkt. Kahn hielt überirdisch gegen Zlatko Zahovi , gegen Amedeo Carboni, gegen Mauricio Pellegrino (Foto) und entschied das zweite Drama in einer magischen Woche für die Bayern.

Meiste Einsätze als Torhüter in der Bundesliga

1.	Oliver Kahn	557	1987–2008
2.	Eike Immel	534	1978–1995
3.	Ulrich Stein	512	1978–1997
4.	Dieter Burdenski	478	1970–1988
5.	Sepp Maier	473	1965–1979
6.	Oliver Reck	471	1984–2002
7.	Manuel Neuer	466	2006–
8.	Toni Schumacher	464	1973–1996
9.	Norbert Nigbur	456	1966–1982
10.	Richard Golz	453	1987–2005

Die Faust Gottes: 2:3 liegt Tabellenführer Bayern München am 3. März 2001 gegen Abstiegskandidat Hansa Rostock hinten, die Nachspielzeit läuft, also tut Oliver Kahn, was ein Torwart tun muss. Er geht nach vorne und faustet das Ding rein. Doch es brandet – unvorstellbar! – kein Jubel auf, sondern der Titan sieht Rot. Sein Kommentar: »War eigentlich ein klares Tor. Ein Torwart, dachte ich immer, darf die Hände im 16-Meter-Raum benutzen.«

Jubiläumsparade: Im 50. Länderspiel gönnte sich Oliver Kahn eine besondere Glanztat. Nach einer Ecke von Claudio Reyna springt Gregg Berhalter drei Meter vor dem Gehäuse in den Ball, doch der Titan ist mit einem unglaublichen Reflex zur Stelle und kratzt das Leder von der Kreide. Auch die US-Boys können den Titan nicht bezwingen, der mit 14:1 Toren ins Endspiel einzieht, zum besten Spieler der WM 2002 und zum Welttorhüter gewählt wird.

DDR-Superstar Jürgen Croy

Ost-David gegen West-Goliath: Bei der WM 1974, dem einzigen Aufeinandertreffen der beiden deutschen Nationalmannschaften auf großer Bühne, bekleckerte sich der amtierende Europameister und kommende Weltmeister nicht gerade mit Ruhm. Während die DDR-Auswahl schon in der ersten Hälfte durch Hans-Jürgen Kreische hätte in Führung gehen können und in der zweiten durch einen herrlichen Treffer von Jürgen Sparwasser die Oberhand behielt, verbrachte Schlussmann Jürgen Croy (r.) in seinem 50. Länderspiel einen ruhigen Abend – und war auch von Gerd Müller (l.) nicht zu bezwingen.

Torhüter mit den meisten Länderspielen für die DDR

1.	Jürgen Croy	94	1967–1981
2.	René Müller	46	1984–1989
3.	Bodo Rudwaleit	33	1979–1988

1 Manuel Neuer

Toni Schumacher, Sepp Maier, Jens Lehmann, Bodo Illgner, Toni Turek, Oliver Kahn und Andreas Köpke (v. l. o. n. r. u.) – nirgendwo wachsen die Weltklassetorhüter so üppig auf den Bäumen wie in Deutschland. Ob auf der Linie, im 5-Meter-Raum oder in Sachen Strafraumbeherrschung – sie waren in vielen Disziplinen Weltklasse. Doch in einer Hinsicht übertrumpft Manuel Neuer sie alle: mit seinen brillanten Dribblings und verwegenen Rettungstaten kurz vor der Mittellinie.

Manuel Neuer
(*1986)

Wichtigste Vereine:
FC Schalke 04 2005–2011,
FC Bayern München 2011–

Nationalmannschaft:
2009–, 113 Spiele

Größte Erfolge:
Weltmeister 2014, Deutscher Meister 2013, 2014, 2015, 2016, 2017, 2018, 2019, 2020, 2021, 2022, Deutscher Pokalsieger 2013, 2014, 2016, 2019, 2020, Champions-League-Sieger 2013, 2020

Doppel-Triple: Nur neunmal gewannen europäische Vereine das Triple – Meisterschaft, Pokal und Champions League –, und nur Barça und Bayern gelang das zweimal. Nur 13 Spieler sackten das Doppel-Triple ein – Samuel Eto'o mit zwei Vereinen, sieben Barça- und fünf Bayern-Spieler. Und nur ein Torwart stand zweimal zwischen den Triple-Pfosten: Manuel Neuer 2013 und 2020.

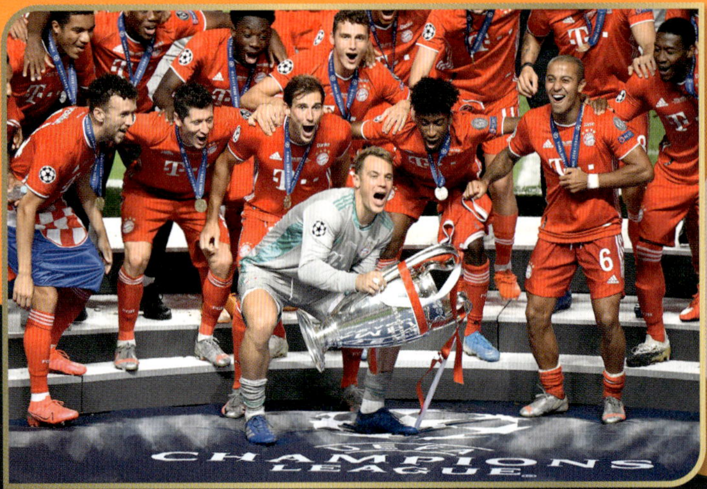

Die deutsche Nummer eins: Manuel Neuer ist der einzige Torhüter im deutschen Hunderterklub. Sepp Maier zog nicht ein, weil er nach seinem schweren Unfall die Handschuhe an den Nagel hängen musste. Oliver Kahn musste sich anfangs hinter Bodo Illgner und Andy Köpke anstellen und am Ende Jens Lehmann den Vortritt lassen. Und Toni Schumacher beendete seine Karriere höchstpersönlich frühzeitig, indem er in »Anpfiff« allzu offenherzig aus dem Nähkästchen plauderte.

Torhüter mit den meisten Länderspielen

1.	Manuel Neuer	113	2009–
2.	Sepp Maier	95	1966–1979
3.	Oliver Kahn	86	1995–2006
4.	Toni Schumacher	76	1979–1986
5.	Jens Lehmann	61	1998–2008
6.	Andreas Köpke	59	1990–1998
7.	Bodo Illgner	54	1987–1994
8.	Hans Tilkowski	39	1957–1967
9.	Hans Jakob	38	1930–1939
10.	Marc-André ter Stegen	28	2012–

Immer noch eine Gräte am Ball: Im Endspiel der Weltmeisterschaft 2014 in Rio de Janeiro war Manuel Neuer nicht zu bezwingen, auch nicht von Lionel Messi. Der herausragende Torhüter des Turniers zeigte nicht nur auf der Linie und im 5-Meter-Raum Weltklasseleistungen, sondern preschte auch immer wieder in Richtung Mittelkreis oder an die Seitenauslinie vor, um in schwindelerregender Höhe oder haarscharf über der Grasnarbe den Libero zu geben und spektakulär vor den heranstürmenden Gegenspielern zu retten.

Original oder Fälschung? Manuel Neuer (l.) und Thomas Müller (r.) präsentieren im Mai 2022 auf dem Balkon des Münchner Rathauses zwei Meisterschalen. Der zehnte Titel in Folge, und nur Neuer und Müller waren bei allen zehn Meisterschaften mit von der Partie.

Innenverteidiger

Heute, da die Viererkette das übliche Spielsystem ist, unterscheiden wir in der Abwehr nur noch zwischen Innen- und Außenverteidigern. In früheren Spielsystemen gab es freilich auch andere Verteidiger im Zentrum: den Mittelläufer, den Libero, den Vorstopper. Vom unbarmherzig grätschenden »Eisenfuß« bis zum technisch brillanten Libero, der für den Spielaufbau verantwortlich war, reichte die Palette. Längst sind die Unterschiede verwischt: Im modernen Fußball müssen die Innenverteidiger alle Register gleichermaßen beherrschen.

Top 13 der deutschen Innenverteidiger

	Spieler	Stammverein	Profijahre
1.	Franz Beckenbauer	FC Bayern München	1964–1977
2.	Jürgen Kohler	Borussia Dortmund	1983–2002
3.	Mats Hummels	Borussia Dortmund	2005–
4.	Karlheinz Förster	VfB Stuttgart	1976–1990
5.	Guido Buchwald	VfB Stuttgart	1979–1999
6.	Jérôme Boateng	FC Bayern München	2005–
7.	Per Mertesacker	Werder Bremen/FC Arsenal	2003–2018
8.	Hans-Georg Schwarzenbeck	FC Bayern München	1966–1981
9.	Horst-Dieter Höttges	Werder Bremen	1960–1978
10.	Klaus Augenthaler	FC Bayern München	1976–1991
11.	Arne Friedrich	Hertha BSC	1999–2013
12.	Thomas Helmer	Borussia Dortmund/FC Bayern München	1984–2000
13.	Rolf Rüssmann	FC Schalke 04	1969–1985

13 Rolf Rüssmann

Rolf Rüssmann (1950–2009)

Wichtigste Vereine:
FC Schalke 04 1969–1973, 1974–1980, Borussia Dortmund 1980–1985

Nationalmannschaft:
1977–1978, 20 Spiele, 1 Tor

Größte Erfolge:
Deutscher Pokalsieger 1972

Verkorkst in Schwarz-Weiß: Der 21-jährige Rolf Rüssmann stand im vorläufigen Kader der Nationalelf für die EM 1972, wurde wegen seiner Verwicklung in den Bundesliga-Skandal ausgebootet und weder Europa- noch Weltmeister. 1977/78 war er in der Form seines Lebens, fuhr zur WM 1978 nach Argentinien, die allerdings mit der »Schmach von Cordoba« gegen Österreich endete. Über ein Jahrzehnt spielte Rüssmann (r., gegen Manni Burgsmüller) in Blau-Weiß, um dann – ausgerechnet – zum Erzrivalen in Schwarz-Gelb zu wechseln.

12 Thomas Helmer

Thomas Helmer (*1965)

Wichtigste Vereine:
Borussia Dortmund 1986–1992, FC Bayern München 1992–1999

Nationalmannschaft:
1990–1998, 68 Spiele, 5 Tore

Größte Erfolge:
Europameister 1996, Deutscher Meister 1994, 1997, 1999, Deutscher Pokalsieger 1989, 1998, UEFA-Pokal-Sieger 1996

Das Phantomtor: Knapp daneben ist auch vorbei, wird sich Thomas Helmer (M.) gedacht haben. Doch Schiedsrichter Hans-Joachim Osmers entschied zur Verwunderung aller auf Tor. Zwar erklärte der DFB das Tor für ungültig und setzte die Partie neu an, trotzdem blieb der Fehlschuss Helmers bekanntester Treffer. Im Nationaltrikot traf der vielseitige Defensivakteur fünfmal, wichtiger waren aber fraglos seine beiden Vorlagen in den Halbfinalpartien der Europameisterschaften 1992 gegen Schweden und 1996 gegen England, die der deutschen Elf den Weg in zwei Endspiele ebneten.

Legende Karl-Heinz Körbel

Der treue Charly: Mehr als zwei Jahrzehnte spielte Karl-Heinz Körbel (r.) in der Bundesliga – ausschließlich für die Eintracht aus Frankfurt. 1989, schon fast am Ende seiner langen Karriere, bewahrte er seinen Verein mit einem Kopfballtor am letzten Spieltag vor dem Abstieg. »Charly« war mit vier Siegen ein echter Pokal-Spezialist: 1974 gegen den Hamburger SV, 1975 gegen den MSV Duisburg, 1981 gegen den 1. FC Kaiserslautern und 1988 gegen den VfL Bochum. Sein größter Erfolg: der Triumph im UEFA-Pokal 1980 – im deutsch-deutschen Duell gegen Borussia Mönchengladbach.

Rekordtorspieler der Bundesliga

	Spieler	Einsätze	Wichtigster Verein	Zeitspanne
1.	Karl-Heinz Körbel	602	Eintracht Frankfurt	1972–1991
2.	Manfred Kaltz	581	Hamburger SV	1971–1991
3.	Oliver Kahn	557	FC Bayern München	1987–2008
4.	Klaus Fichtel	552	FC Schalke 04	1965–1988
5.	Miroslav Votava	546	Werder Bremen	1976–1996

11 Arne Friedrich

Arne Friedrich
(*1979)
Wichtigster Verein:
Hertha BSC 2002–2010
Nationalmannschaft:
2002–2011, 82 Spiele, 1 Tor

Die Solidität und Seriosität in Person: Bei je zwei Welt- und Europameisterschaften zwischen 2004 und 2010 verlieh Arne Friedrich (r.) der deutschen Abwehr Stabilität. Sachlich, ruhig und abgeklärt verurteilte er Superstar Cristiano Ronaldo im Viertelfinale der EM 2008 zum Statistendasein, als die deutsche Elf die portugiesische Seleção klarer beherrschte, als es das Ergebnis (3:2) vermuten lässt. Sein einziger Treffer im Nationaltrikot gelang ihm beim 4:0 gegen Argentinien bei der WM 2010, als Messi und Co. keinen Stich machten.

Außer Konkurrenz
Jens Nowotny

Autsch! Roy Präger (l.) und Jens Nowotny (r.) bei ihren ersten Ballettproben für »Schwanensee«. Nowotny war eigentlich jedoch der Mann fürs Grobe. Stets hart, meistens fair, kassierte der langjährige Libero und Abwehrchef von Bayer Leverkusen die meisten Platzverweise der Bundesligageschichte: In 334 Bundesligaspielen sah er fünf Rote und drei Gelb-Rote Karten – dazu 68 Verwarnungen.

Innenverteidiger in Schwarz-Weiß
Erich Juskowiak

Der »Hammer« fällt: Nachdem Helmuth Rahn im Viertelfinale der Weltmeisterschaft 1958 nach nur zwölf Minuten die Führung für den Titelverteidiger geschossen hatte, wurde die Partie zu einer einzigen Abwehrschlacht, in der Erich Juskowiak (M.) mit einer Weltklasseleistung nicht ganz unschuldig daran war, dass die Null hielt. Im Halbfinale gegen Gastgeber Schweden dann der tiefe Fall des Verteidigers mit dem harten Schuss, der deswegen auch »Hammer« genannt wurde: Er ließ sich zu einem Revanchefoul hinreißen, sah Rot – und Deutschland verlor 1:3.

Talent
Armel Bella-Kotchap

Unzähmbarer Löwe aus Ahlen in Westfalen: Cyrille Florent Bella, zweifacher kamerunischer Nationalspieler, wechselte aus Paraguay nach Deutschland. Sein Sohn, Armel Bella-Kotchap (l., gegen Stürmertalent Jonathan Burkardt), wurde 2001 in Paris geboren, lernte im westfälischen Ahlen das kleine Einmaleins des Kickens und landete 2017 beim VfL Bochum, mit dem er 2021 in die Bundesliga aufstieg. Der Deutsch-Kameruner hat beste Chancen, Nationalspieler zu werden – für welches Land auch immer.

DDR-Superstar
Hans-Jürgen Dörner

Dixie: In 392 Oberligapartien für Dynamo Dresden zwischen 1968 und 1986 sowie 96 Länderspielen zwischen 1969 und 1985 hob Hans-Jürgen »Dixie« Dörner das Liberospiel auf ein technisch neues Niveau und erhielt deswegen den naheliegenden Beinamen »Beckenbauer des Ostens«. Seine letzte internationale Partie, das Europapokalrückspiel gegen Bayer 05 Uerdingen im März 1986, gehört zu den legendärsten Spielen der Fußballgeschichte: 5:1 lag Dynamo nach drei Halbzeiten vorn und musste sich nach der vierten doch noch mit 5:7 geschlagen geben.

10 Klaus Augenthaler

Mit Auge: Libero Klaus Augenthaler treibt den Ball aus dem Abwehrzentrum nach vorne, wird nicht angegriffen, hat soeben die Mittellinie passiert und sieht, dass Frankfurts Keeper Uli Stein ein bisschen zu weit vor dem Tor steht. Er zieht kurz entschlossen ab und das Leder schlägt aus fast 50 Metern Entfernung in den Maschen ein. Knallharte Distanzschüsse waren »Auges« Markenzeichen, aber dieser war in jeder Beziehung besonders – und wurde deshalb nicht nur zum Tor des Monats und Tor des Jahres, sondern gleich zum Tor des Jahrzehnts, zum Tor der 1980er-Jahre, gewählt.

Klaus Augenthaler (*1957)

Wichtigster Verein:
FC Bayern München 1976–1991

Nationalmannschaft:
1983–1990, 27 Spiele, 0 Tore

Größte Erfolge:
Weltmeister 1990, Deutscher Meister 1980, 1981, 1985, 1986, 1987, 1989, 1990, Deutscher Pokalsieger 1982, 1984, 1986

9 Horst-Dieter Höttges

Horst-Dieter Höttges (*1943)

Wichtigste Vereine:
Borussia Mönchengladbach 1960–1964, Werder Bremen 1964–1978

Nationalmannschaft:
1965–1974, 66 Spiele, 1 Tor

Größte Erfolge:
Weltmeister 1974, Europameister 1972, Deutscher Meister 1965

Ernster Blick, todernste Grätschen: Vizeweltmeister 1966, WM-Dritter 1970, Weltmeister 1974 – sein Meisterstück im Trikot der Nationalmannschaft lieferte Horst-Dieter Höttges allerdings bei der Europameisterschaft 1972 ab, als der »Eisenfuß« im Halbfinale den belgischen Superstar Paul Van Himst humorlos aus dem Spiel nahm.

8 Hans-Georg Schwarzenbeck

Wenn man nicht weiß, wohin mit dem Ball: einfach ins Tor schießen! Franz Beckenbauer, Johnny Hansen und Paul Breitner (v. l.) schauen fasziniert der Ballbehandlung von Hans-Georg Schwarzenbeck (r.) zu. Als die Bayern 1974 erstmals das Endspiel der Landesmeister ausfechten, steht es nach 120 Minuten 1:0 für Atlético Madrid. Beckenbauer sieht keine andere Anspielmöglichkeit als »Katsche« Schwarzenbeck, der aus 25 Metern abzieht – und trifft. Das Wiederholungsspiel gewinnen die Bayern zwei Tage später souverän 4:0.

Hans-Georg Schwarzenbeck (*1948)

Wichtigster Verein:
FC Bayern München 1966–1981

Nationalmannschaft:
1971–1978, 44 Spiele, 0 Tore

Größte Erfolge:
Weltmeister 1974, Europameister 1972, Deutscher Meister 1969, 1972, 1973, 1974, 1980, 1981, Deutscher Pokalsieger 1967, 1969, 1971, Europapokalsieger der Landesmeister 1974, 1975, 1976, Europapokalsieger der Pokalsieger 1967

Kronprinzen
Matthias Ginter und Antonio Rüdiger

Zwei Nationalspieler, ein Weltmeister: Matthias Ginter (l.) und Antonio Rüdiger (r.), damals noch in den Trikots des SC Freiburg und des VfB Stuttgart, wurden beide vor der Weltmeisterschaft 2014 erstmals in die Nationalmannschaft berufen. Matze Ginter im März 2014, Toni Rüdiger im Mai 2014. Doch während Rüdiger nicht in den WM-Kader kam, fuhr Ginter mit an den Zuckerhut und wurde mit 20 Jahren Weltmeister – allerdings ohne auch nur eine Minute gespielt zu haben.

Per Mertesacker (*1984)

Wichtigste Vereine:
Hannover 96 2003–2006, Werder Bremen 2006–2011, FC Arsenal 2011–2018

Nationalmannschaft:
2004–2014, 104 Spiele, 4 Tore

Größte Erfolge:
Weltmeister 2014, Deutscher Pokalsieger 2009, Englischer Pokalsieger 2014, 2015, 2017

7 Per Mertesacker

Sachlich weggegrätscht: Per Mertesacker (l.) beschäftigt sich eingehend mit Cristiano Ronaldo und die deutsche Elf startet 2014 mit einem 4:0 gegen Portugal furios in die Mission Titelgewinn. Im zweiten Gruppenspiel, gegen Ghana, zog das Nordlicht in den Hunderterklub der Nationalmannschaft ein, im Finale wurde er – so Mertesacker über Mertesacker – zum »Weltmeister ohne Talent«. Sein Stellungsspiel und seine Nervenstärke als Turm in der Schlacht waren allerdings so gut, dass er in 104 Länderspielen nur eine Gelbe Karte kassierte.

Legende
Harry Koch

Hohes Bein oder tiefer Kopf: Harry Koch (l.) geht gegen Giovane Élber kompromisslos zur Sache. Der Franke mit dem schicken Minipli wurde 1994 mit einem Schlag berühmt, als er mit dem TSV Vestenbergsgreuth für die vielleicht größte Pokalsensation im deutschen Fußball sorgte und Bayern München mit 1:0 schlug. Im gehobenen Fußballeralter von 25 Jahren wurde er Profi beim 1. FC Kaiserslautern und wegen seines Kampfgeistes Publikumsliebling und Kultkicker am Betzenberg – und 1998 sensationell Deutscher Meister.

Innenverteidiger in Schwarz-Weiß
Wolfgang Weber

Der Bulle von Kölle: 1:2 liegt Deutschland im Endspiel der Weltmeisterschaft 1966 gegen England hinten, und schon läuft die 90. Minute. Nach einem allerletzten Freistoß fällt der Ball Siggi Held vor die Füße, der ihn scharf in die Mitte schießt. Das Leder prallt von Karl-Heinz Schnellinger (M.) ab, Uwe Seeler (2. v. l.) verpasst, doch Wolfgang Weber (l.) ist zur Stelle und erzwingt mit seinem ersten Länderspieltor die Verlängerung.

6 Jérôme Boateng

Jérôme Boateng (*1988)

Wichtigste Vereine:
Hamburger SV 2007–2010, FC Bayern München 2011–2021

Nationalmannschaft:
2009–2018, 76 Spiele, 1 Tor

Größte Erfolge:
Weltmeister 2014, Deutscher Meister 2013, 2014, 2015, 2016, 2017, 2018, 2019, 2020, 2021, Deutscher Pokalsieger 2013, 2014, 2016, 2019, 2020, Englischer Pokalsieger 2011, Champions-League-Sieger 2013, 2020

Das zweite Brüderduell: Bei der WM 2010 hatte Deutschland 1:0 gegen Ghana gewonnen, 2014 trafen Jérôme (l.) und Kevin-Prince Boateng (r.), beide gebürtige Berliner, schon wieder aufeinander und trennten sich auf dem deutschen Weg zum Titel 2:2. Mit Bayern München sammelte Jérôme Boateng so viele Titel wie kaum ein anderer – darunter neun Meisterschaften sowie die Triple 2013 und 2020.

5 Guido Buchwald

Guido Buchwald
(*1961)

Wichtigste Vereine:
Stuttgarter Kickers 1979–1983, VfB Stuttgart 1983–1994, Urawa Red Diamonds 1994–1997

Nationalmannschaft:
1984–1994, 76 Spiele, 4 Tore

Größte Erfolge:
Weltmeister 1990, Deutscher Meister 1984, 1992

Kaltgestellt: Guido »Diego« Buchwald kochte seinen Widersacher im WM-Endspiel 1990, Diego Armando Maradona, nach allen Regeln der Manndeckerkunst ab und gönnte dem argentinischen Superstar nicht ein einziges Mal das Rampenlicht. Seinen Spitznamen »Diego« hatte der Schwabe aber schon vorher abbekommen – nach eigener Aussage von Klaus Augenthaler, nachdem er ihn im Training frech getunnelt hatte.

Kronprinz Niklas Süle

Einfach überragend: Beim Freundschaftsspiel im Oktober 2019 gegen Argentinien – Endergebnis 2:2 – hätte ein halbes Dutzend Spieler gerne den Ball, doch die Lufthoheit liegt eindeutig bei Abwehrkoloss Niklas Süle (M. oben). Die 1,95-Meter-Kante mit rund 100 Kilogramm Kampfgewicht konnte sich weder bei der Weltmeisterschaft 2018 noch der Europameisterschaft 2021 mit Lorbeer schmücken, geriet auch beim FC Bayern in die Kritik – und muss nun beweisen, dass er wirklich zu den »größten« Innenverteidigern Deutschlands gehört.

4 Karlheinz Förster

Herrliche Flugeinlage: Toni Schumacher und Karlheinz Förster retten mit vereinten Kräften gegen den heranstürmenden Diego Maradona. In der zweiten Halbzeit des WM-Endspiels 1986 übernahm Förster die Sonderbewachung des argentinischen Superstars von Lothar Matthäus – und prompt traf Jorge Valdano, dem er nun nicht mehr auf den Füßen stehen konnte. Im Endspiel vier Jahre zuvor hatte der eisenharte Verteidiger die Kreise von Paolo Rossi eingeschränkt und sich im Finale der Europameisterschaft 1980 hart, aber herzlich um Belgiens Stürmerstar Jan Ceulemans gekümmert.

Karlheinz Förster (*1958)

Wichtigste Vereine:
VfB Stuttgart 1976–1986, Olympique Marseille 1986–1990

Nationalmannschaft:
1978–1986, 81 Spiele, 2 Tore

Größte Erfolge:
Europameister 1980, Deutscher Meister 1984, Französischer Meister 1989, 1990, Französischer Pokalsieger 1989

Talente
Nico und Keven Schlotterbeck

Irgendwo da oben muss der Ball sein: Nico (M. l. , *1999) und Keven Schlotterbeck (M. r., *1997) halten sich vorsichtshalber gegenseitig fest, um nicht die Balance zu verlieren. Die beiden Brüder, hier 2019 in den Trikots des SC Freiburg und von Union Berlin, gehören zu den vielversprechendsten deutschen Innenverteidigern. Wie das große Brüderpaar der deutschen Fußballgeschichte, Bernd und Karlheinz Förster, stammen die Schlotterbecks aus Schwaben und spielen am liebsten Seite an Seite für denselben Verein.

3 Mats Hummels

Alle Augen auf den Ball: In einem Torspektakel triumphierte Borussia Dortmund im Pokalendspiel 2012 mit 5:2 gegen Bayern München – Abwehrchef Mats Hummels (M.) brachte den BVB mit dem zwischenzeitlichen 2:1 auf die Siegerstraße. Mit dem Pokalsieg gewannen die Schwarz-Gelben zum ersten Mal in der Vereinsgeschichte das Double: Nach anfänglichen Schwierigkeiten hatte der Meister ab dem siebten Spieltag nicht mehr ein einziges Spiel verloren und den Titel souverän verteidigt.

Adieu les Bleus! Schon im Vorrundenspiel gegen Portugal hatte sich Mats Hummels (l.) in die Torschützenliste der Weltmeisterschaft 2014 eingetragen. Im Viertelfinale gegen Frankreich verlängert er einen Freistoß von Toni Kroos gefühlvoll ins lange Eck – das Tor des Tages und der Einzug ins Halbfinale gegen Gastgeber Brasilien. Nur vier Tore kassierte die deutsche Abwehr auf dem Weg zum Titel.

Mats Hummels
(*1988)

Wichtigste Vereine:
FC Bayern München 2007, 2016–2019, Borussia Dortmund 2008–2016, 2019–

Nationalmannschaft:
2010–, 76 Spiele, 5 Tore

Größte Erfolge:
Weltmeister 2014, Deutscher Meister 2011, 2012, 2017, 2018, 2019, Deutscher Pokalsieger 2012, 2019, 2021

Im Rausch der Weißbierdusche: In seinen drei Spielzeiten zwischen 2016 und 2019 bei Bayern München gewann Mats Hummels dreimal die Meisterschaft. 2019 wiederholte er seinen Double-Erfolg von 2012, als die Bayern im Pokalendspiel gegen RB Leipzig 3:0 triumphierten.

Innenverteidiger in Schwarz-Weiß
Willi Schulz

»World-Cup-Willi«: Im Duell hohe Stirn gegen hohe Stirn bekam es Willi Schulz (r.) im Endspiel der Weltmeisterschaft 1966 mit Englands Superstar Bobby Charlton (l.) zu tun. Bei seiner zweiten von drei Weltmeisterschaften verdiente der Verteidiger sich mit Weltklassedarbietungen den Ehrentitel »World-Cup-Willi«. 13-mal lief er bei Weltmeisterschaften auf – sein 66. und letztes Spiel im Nationaltrikot bestritt er im Halbfinale 1970 gegen Italien, das als »Jahrhundertspiel« in die Geschichte einging. Schulz ging ebenfalls in die Geschichte ein: als einer der besten Kicker, die nie, weder im Verein noch in der Nationalelf, einen großen Titel gewinnen konnten.

2 Jürgen Kohler

Das ewige Duell: Immer und immer wieder trafen Jürgen Kohler (l.) und Marco van Basten aufeinander – nicht nur im Nationaltrikot, sondern auch in der italienischen Liga, wo Kohler für Juve grätschte und van Basten für Milan stürmte. Sie schenkten sich nichts: Im EM-Halbfinale 1988 zahlte Kohler Lehrgeld, als van Basten kurz vor dem Abpfiff den Siegtreffer für Oranje machte, im Achtelfinale der Weltmeisterschaft 1990 ließ Kohler dem Holländer dann keinen Stich.

Jürgen Kohler (*1965)

Wichtigste Vereine:
Waldhof Mannheim 1983–1987, 1. FC Köln 1987–1989, FC Bayern München 1989–1991, Juventus Turin 1991–1995, Borussia Dortmund 1995–2002

Nationalmannschaft:
1986–1998, 105 Spiele, 2 Tore

Größte Erfolge:
Weltmeister 1990, Europameister 1996, Deutscher Meister 1990, 1996, 2002, Italienischer Meister 1995, Italienischer Pokalsieger 1995, Champions-League-Sieger 1997, UEFA-Pokal-Sieger 1993

Bodo Illgner trägt Jürgen Kohler auf Händen: Nachdem »Kokser« Kohler in der Vorrunde angeschlagen auf der Bank gesessen hatte, kam er rechtzeitig zum Duell gegen Marco van Basten und die Niederlande ins Spiel, verpasste keine Minute mehr und stellte im Endspiel Argentiniens Mittelstürmer Gustavo Dezotti kalt. Der Weltmeister von 1990 wurde 1996 auch Europameister, verletzte sich aber im Auftaktmatch gegen Tschechien und war für das weitere Turnier zum Zuschauen verdammt.

Hoch die Tasse: Mit Bayern München und Juventus Turin war der knallharte Verteidiger Deutscher und Italienischer Meister geworden, seine größten Vereinserfolge feierte er jedoch mit Borussia Dortmund: Nach der Meisterschaft 1996 gewann er – ausgerechnet gegen seine alte Liebe Juve um Superstar Zinédine Zidane und ausgerechnet in München – 1997 die Champions League und krönte seine zwei Jahrzehnte lange Karriere auch auf Vereinsebene.

Talent
Márton Dárdai

Pál Dárdai (l.) lief 61-mal für die ungarische Nationalmannschaft auf. Fast seine gesamte Profikarriere verbrachte er allerdings in Berlin, bei der alten Dame Hertha, und in der deutschen Hauptstadt wurde auch sein Sohn Márton (*2002) geboren, der in den deutschen Juniorenauswahlen spielt, im November 2020 sein Bundesligadebüt (unter Trainer Bruno Labbadia) feierte und ab seinem dritten Spiel in der obersten deutschen Spielklasse von niemand anderem als seinem Vater aufs Feld geschickt wurde.

1 Franz Beckenbauer

Jugendjahre eines Kaisers: Der 17-jährige Franz Beckenbauer im Jahr vor seinem Profidebüt – das gab er mit 18 in der Aufstiegsrunde zur Bundesliga gegen den FC St. Pauli, und der Franz wäre nicht der Franz, wenn er nicht gleich in seinem ersten Spiel getroffen hätte. Eigentlich hatte er mit zwölf Jahren zu 1860 München gehen wollen, doch als ein Jugendspieler der Sechzger sich bei einem Spiel gegen Beckenbauers SC 1906 München nicht benehmen konnte und ihm eine Watschn verpasste, wechselte er halt zu den Bayern.

Franz Beckenbauer
(*1945)

Wichtigste Vereine:
FC Bayern München 1964–1977, New York Cosmos 1977–1980, 1983, Hamburger SV 1980–1982

Nationalmannschaft:
1965–1977, 103 Spiele, 14 Tore

Größte Erfolge:
Weltmeister 1974, Europameister 1972, Deutscher Meister 1969, 1972, 1973, 1974, 1982, Deutscher Pokalsieger 1966, 1967, 1969, 1971, US-Meister 1977, 1978, 1980, Europapokalsieger der Landesmeister 1974, 1975, 1976, Europapokalsieger der Pokalsieger 1967

Kometenhafter Aufstieg: Gerade einmal sechs Bundesligapartien hatte Franz Beckenbauer gespielt, da berief ihn Bundestrainer Helmut Schön in die Nationalmannschaft – für das entscheidende Qualifikationsspiel zur WM 1966. In England trumpfte der Youngster groß auf und traf viermal ins Schwarze: zum Auftakt gegen die Schweiz doppelt, gegen Uruguay im Viertelfinale und die Sowjetunion im Halbfinale.

Das Duell der frühen 1970er-Jahre und ihre Galionsfiguren: Günter Netzer (l.), der Spielmacher von Borussia Mönchengladbach, und Franz Beckenbauer, der Libero von Bayern München – zwischen 1969 und 1977 gewann kein anderer Verein den Titel des Deutschen Meisters. Zusammen dirigierten König Günter und Kaiser Franz die deutsche Elf bei den glanzvollen Auftritten bei der Europameisterschaft 1972.

Die Kirsche auf der Sahne auf der Torte: Die glänzende deutsche Elf eroberte im Viertelfinale der Europameisterschaft 1972 Wembley im Sturm und gewann erstmals auf der Insel gegen England. Im Halbfinale schlug sie den starken Endrundengastgeber Belgien deutlicher, als es das Endergebnis von 2:1 vermuten lässt. Und im Finale spielten Beckenbauer (l.) und Co. die sowjetische Auswahl schwindelig, die mit 0:3 noch glimpflich davonkam – zwei Treffer gingen auf das Konto von Gerd Müller (r.).

Aller guten Dinge: Dreimal in Folge hatten die vom Kaiser höchstpersönlich angeführten Truppen der Bayern zwischen 1972 und 1974 die Meisterschaft gewonnen. Und dreimal in Folge gewannen sie zwischen 1974 und 1976 den Europapokal der Landesmeister – gegen Atlético Madrid, Leeds United und AS Saint-Étienne. Im Halbfinale 1976 traf Beckenbauer auf alte Bekannte: In den Reihen von Real Madrid spielten Paul Breitner und Günter Netzer (l.), waren aber gegen des Kaisers Dirigentenkunst und Gerd Müllers Tore machtlos.

Außenverteidiger

Die Linie schrubben, immer wieder rauf und runter, ganz hinten die gegnerischen Außenstürmer blocken und den Laden dichtmachen, ganz vorne aus vollem Lauf auf den Mittelstürmer flanken – Außenverteidiger haben es alles andere als einfach und wurden doch oft stiefmütterlich behandelt. Den Ruhm sahnen die Torjäger, Spielmacher und Strategen ab, während die Männer hinten links oder rechts sich abstrampeln können, wie sie wollen. Die Antwort auf die Frage, welche die besten deutschen Außenverteidiger waren und sind, führt mitunter weit zurück in die Vergangenheit – und zu der Erkenntnis: Neue Talente braucht das Land!

Top 10 der deutschen Außenverteidiger

	Spieler	Stammverein	Profijahre
1.	Philipp Lahm	FC Bayern München	2002–2017
2.	Paul Breitner	FC Bayern München	1970–1983
3.	Berti Vogts	Borussia Mönchengladbach	1965–1979
4.	Andreas Brehme	1. FC Kaiserslautern	1981–1998
5.	Manfred Kaltz	Hamburger SV	1971–1991
6.	Bernard Dietz	MSV Duisburg	1970–1987
7.	Hans-Peter Briegel	1. FC Kaiserslautern	1975–1988
8.	Stefan Reuter	Borussia Dortmund	1984–2004
9.	Christian Ziege	FC Bayern München	1990–2005
10.	Jonas Hector	1. FC Köln	2012–

10 Jonas Hector

Jonas Hector (*1990)

Wichtigste Vereine:
1. FC Köln 2012–

Nationalmannschaft:
2014–2019,
43 Spiele, 3 Tore

Der etwas andere Fußballer: Nachdem Jonas Hector (l.) auf der linken Defensivseite der deutschen Nationalmannschaft geglänzt hatte, wurden plötzlich Vereine rund um den Lederglobus auf den Kölner aufmerksam, darunter auch der FC Barcelona. Kein Wunder, denn er hatte nicht mit Tempo oder Dribblings, sondern mit blitzgescheiten Kurzpässen und blitzschnellem Kombinationsspiel à la Tiqui-Taca brilliert. Doch Hector blieb – in guten wie in schlechten Tagen – in Köln. Sein großer Tag in Schwarz-Weiß: das EM-Viertelfinale 2016, als er mit dem 18. Elfmeter des Abends Italiens Legende Gianluigi Buffon (r.) bezwang und die deutsche Elf ins Halbfinale schoss.

9 Christian Ziege

Ziege zirkelt – und zwar von rechts mit links in den tschechischen Strafraum, wo der soeben eingewechselte Oliver Bierhoff (r.) goldrichtig steht und das Leder nur noch einzunicken braucht. Christian Zieges (l.) wohl wichtigste Vorlage in seinem wohl wichtigsten Spiel, dem Finale der Europameisterschaft 1996. In seinem ersten Turnier im Nationaltrikot gewann der Berliner, der auf der linken Seite sowohl defensiv als auch offensiv spielen konnte, gleich den Titel. 2002 war er nah dran, auch Weltmeister zu werden, aber der Fußballgott hatte andere Pläne.

Christian Ziege
(*1972)

Wichtigste Vereine:
FC Bayern München 1990–1997,
AC Mailand 1997–1999,
Tottenham Hotspur 2001–2004

Nationalmannschaft:
1993–2004, 72 Spiele, 9 Tore

Größte Erfolge:
Europameister 1996, Deutscher Meister 1994, 1997, Italienischer Meister 1999, Englischer Pokalsieger 2001, UEFA-Pokal-Sieger 1996, 2001

Talent
Ridle Baku

Kalle Riedles Erben: Sein Vater, der 1992 aus dem Kongo nach Deutschland gekommen war, verpasste Bote Nzuzi Baku den Spitznamen »Ridle« – nach Kalle Riedle. Ridle, nicht Riedle, debütierte Ende 2020 im Freundschaftsspiel gegen Tschechien in der Nationalmannschaft und wusste durchaus Werbung in eigener Sache zu machen. Doch Jogi Löw berief ihn nicht in den Kader für die EM 2021 – stattdessen glänzte er bei der U21-EM, legte im Endspiel den entscheidenden Treffer auf und war der beste Mann auf dem Platz.

Außenverteidiger in Schwarz-Weiß
Karl-Heinz Schnellinger

Ausgerechnet Schnellinger: Mehr als 80 Minuten waren die Deutschen dem frühen Rückstand im Halbfinale der Weltmeisterschaft 1970 in Mexiko hinterhergelaufen, hatten Chance um Chance herausgespielt, aber nun lief die Nachspielzeit und Italien sah wie der sichere Sieger aus. Doch dann rauschte Karl-Heinz Schnellinger (l.) in eine Flanke von Jürgen Grabowski und erzwang in allerletzter Sekunde den Ausgleich – »ausgerechnet Schnellinger« mit seinem einzigen Treffer im Nationaltrikot sorgte für die Verlängerung, in der fünf Tore fielen und die das Halbfinale zum »Jahrhundertspiel« machte.

8 Stefan Reuter

Meistens Ruhepol, manchmal Unruheherd: Als Kaiser Franz schon fast ungeduldig werden wollte, leitete Stefan Reuter (M. hinten) ganz fein den deutschen Auftaktsieg bei der Weltmeisterschaft 1990 ein: Nach seiner gefühlvollen Außenristflanke schoss Lothar Matthäus die deutsche Führung und am Ende hieß es 4:1 gegen Jugoslawien. Ansonsten war der Franke die Seriosität in Person, eine Bank in der Defensive und ein Garant des Erfolgs, in dem sich aber stets die anderen sonnten.

Stefan Reuter (*1966)

Wichtigste Vereine:
1. FC Nürnberg 1984–1988, FC Bayern München 1988–1991, Borussia Dortmund 1992–2004

Nationalmannschaft:
1987–1998, 69 Spiele, 2 Tore

Größte Erfolge:
Weltmeister 1990, Europameister 1996, Deutscher Meister 1989, 1990, 1995, 1996, 2002, Champions-League-Sieger 1997

7 Hans-Peter Briegel

Hans-Peter Briegel (*1955)

Wichtigste Vereine:
1. FC Kaiserslautern 1975–1984, Hellas Verona 1984–1986, Sampdoria Genua 1986–1988

Nationalmannschaft:
1979–1986, 72 Spiele, 4 Tore

Größte Erfolge:
Europameister 1980, Italienischer Meister 1985, Italienischer Pokalsieger 1988

Die »Walz aus der Pfalz«: Diego Armando Maradona (l.), auch bekannt als die »Hand Gottes«, prallt hart an den »Oberschenkeln Briegels« ab. Hans-Peter Briegel frönte in seiner Jugend der Leichtathletik, weshalb man ihn während seiner zweiten Karriere als Fußballer auch gerne als »Ex-Zehnkämpfer« titulierte. Der Europameister von 1980 und Vizeweltmeister von 1982 konnte im WM-Endspiel 1986 grätschen, wie er wollte, der Weltmeistertitel blieb der »Walz aus der Pfalz« verwehrt.

6 Bernard Dietz

»Ennatz« zieht ab: Bernard Dietz ist mit 77 Treffern in 495 Partien der torgefährlichste Abwehrspieler der Bundesligageschichte – exakt ein Tor mehr als Manni Kaltz steht zu Buche. Ein Kind des Ruhrpotts und mehr als ein Jahrzehnt das Herz und die Seele des MSV Duisburg, lief der »ehrliche Malocher« 53-mal im Nationaltrikot auf – ohne ein einziges Tor zu schießen. Ennatz über Dietz: »Ich habe nie für Geld Fußball gespielt, sondern immer aus Leidenschaft.«

Bernard Dietz (*1948)
Wichtigste Vereine: MSV Duisburg 1970–1982, FC Schalke 04 1982–1987
Nationalmannschaft: 1974–1981, 53 Spiele
Größte Erfolge: Europameister 1980

Top Ten der torgefährlichsten Verteidiger der Bundesliga

	Spieler	Hauptverein	BL-Spiele	Tore
1.	Bernard Dietz	MSV Duisburg	495	77
2.	Manfred Kaltz	Hamburger SV	581	76
3.	Reinhold Wosab	Borussia Dortmund	257	69
	Arnold Schütz	Werder Bremen	253	69
5.	Wilhelm Huberts	Eintracht Frankfurt	213	67
	Holger Fach	Fortuna Düsseldorf	416	67
7.	Hans-Günter Bruns	Borussia Mönchengladbach	366	63
8.	Wilfried Hannes	Borussia Mönchengladbach	309	62
9.	Horst-Dieter Höttges	Werder Bremen	420	55
10.	Klaus Augenthaler	FC Bayern München	404	52

5 Manfred Kaltz

Manfred Kaltz (*1953)
Wichtigste Vereine: Hamburger SV 1971–1989, 1990–1991
Nationalmannschaft: 1975–1983, 69 Spiele, 8 Tore
Größte Erfolge: Deutscher Meister 1979, 1982, 1983, Deutscher Pokalsieger 1976, 1987, Pokal der Landesmeister 1983, Europameister 1980

Bilder sagen mehr als tausend Worte – und dieses erzählt gleich zwei große Mythen der Bundesligageschichte: Zweitens sieht Felix Magath (5. v. l.) den Medizinball unaufhaltsam auf sich zukommen und hat eine Idee, wie er sich in seiner späteren Trainerlaufbahn für solche Quälereien rächen könnte. Und erstens grübelt der passionierte Freizeitphysiker Manni Kaltz (v.) über Ellipsen und Parabeln, Unterdruck und Rotation nach und hat plötzlich eine Erleuchtung: Das geht nicht nur nach oben, sondern auch seitlich und natürlich auch mit ganz normalen Fußbällen – die Erfindung der Bananenflanke!

Die meisten Bundesligaspiele für einen Verein

	Spieler	Verein	Partien	Zeitraum
1.	Karl-Heinz Körbel	Eintracht Frankfurt	602	1972–1991
2.	Manfred Kaltz	Hamburger SV	581	1971–1991
3.	Michael Lameck	VfL Bochum	518	1972–1988
4.	Klaus Fichtel	FC Schalke 04	477	1965–1980
5.	Sepp Maier	FC Bayern München	473	1962–1979

Außer Konkurrenz
Jérôme Boateng und Benedikt Höwedes

Bullenabwehr, Riesenriegel, Hünenblock: Mangels Außenverteidigern von Weltklasseformat machte Bundestrainer Jogi Löw 2014 aus der Not eine Tugend und nahm die Weltmeisterschaft in Brasilien mit einer Kette aus vier Innenverteidigern in Angriff. Jérôme Boateng (l.) gab anfangs den rechten, Benedikt Höwedes (r.) durchweg den linken Verteidiger. Erst im Viertelfinale gegen Frankreich beorderte Löw Philipp Lahm nach hinten rechts und senkte damit die Durchschnittsgröße seiner Viererkette erheblich.

Kronprinz
Robin Gosens

Spagat und Urschrei: Oliver Sorg, Sebastian Jung, Jonas Hector, Christian Günter, Benjamin Henrichs, Marvin Plattenhardt, Marcel Halstenberg, Nico Schulz, Lukas Klostermann, Philipp Max, Ridle Baku – wen hatte Jogi Löw nicht alles auf den defensiven Außenpositionen ausprobiert. Doch bei der Europameisterschaft 2021 spielte Robin Gosens groß auf und war der einzige deutsche Hoffnungsschimmer. Beim 4:1 gegen Portugal wurde er mit einem Tor und zwei Vorlagen völlig zu Recht zum Spieler der Partie gewählt.

4 Andreas Brehme

Brutaler Check von Jürgen Klinsmann (2. v. l.), eigentlich eine glasklare Rote Karte. Und auch Rudi Völler und Stefan Reuter (3. u. 4. v. l.) springen herbei, um Andreas Brehme (1. v. l.) unsanft von den Beinen zu holen, der Sekunden zuvor einen Foulelfmeter in die Maschen gedroschen hat – das spielentscheidende 1:0 im WM-Endspiel gegen Argentinien. Italiens Fußballer des Jahres 1989 war 1990 in Rom in der Form seines Lebens und machte Deutschland zum Weltmeister.

Andreas Brehme (*1960)

Wichtigste Vereine:
1. FC Kaiserslautern 1981–1986, 1993–1998, FC Bayern München 1986–1988, Inter Mailand 1988–1992

Nationalmannschaft:
1984–1994, 86 Spiele, 8 Tore

Größte Erfolge:
Weltmeister 1990, Deutscher Meister 1987, 1998, Deutscher Pokalsieger 1996, Italienischer Meister 1989

Talent Luca Netz

Ob Noah Katterbach oder Felix Agu links, Josha Vagnoman oder Kilian Ludewig rechts – es gibt viele verheißungsvolle Talente auf den defensiven Außenpositionen, aber sie alle müssen sich gegen Stars aus aller Herren Länder durchsetzen. Shootingstar Luca Netz verdiente sich bei Hertha BSC die ersten Sporen, schoss mit 17 Jahren sein erstes Tor in Liga eins und wechselte 2021 zu Borussia Mönchengladbach – Fortsetzung folgt.

Talent David Raum

Viel Raum nach oben: Im Sommer 2021 änderte sich alles im Leben von David Raum. Er stieg mit der SpVgg Greuther Fürth in die Bundesliga auf, wechselte zur TSG 1899 Hoffenheim, wurde im Juni mit der deutschen U21 Europameister, reiste im Juli mit der Olympiaauswahl nach Japan, erhielt im August von Hansi Flick die erste Einladung zur Nationalmannschaft und machte im September beim 6:0 gegen Armenien sein erstes Länderspiel – eine Blitzkarriere, die gerade erst begonnen hat.

Kronprinzen

Lukas Klostermann und Marcel Halstenberg

Leipziger Flügelzange: Rechtsverteidiger Lukas Klostermann (r.) und Linksverteidiger Marcel Halstenberg (l.) stießen 2014 bzw. 2015 zu RB Leipzig, als das Brauseprojekt Zwischenstation in der zweiten Liga machte, stiegen plansollgemäß in die Bundesliga auf, wurden auf Anhieb Vizemeister und sind regelmäßig in der Königsklasse vertreten. Halstenberg wurde 2017, Klostermann 2019 erstmals in die Nationalmannschaft berufen, sie konnten aber bis dato weder einen Stammplatz erobern noch einen Titel in Schwarz-Weiß gewinnen.

3 Berti Vogts

Hans-Hubert Vogts (*1946)

Wichtigste Vereine:
Borussia Mönchengladbach 1965–1979

Nationalmannschaft:
1967–1978, 96 Spiele, 1 Tor

Größte Erfolge:
Weltmeister 1974, Europameister 1972, Deutscher Meister 1970, 1971, 1975, 1976, 1977, Deutscher Pokalsieger 1973, UEFA-Pokal-Sieger 1975, 1979

Kann man schon mal herzeigen: Berti Vogts präsentiert stolz die Meisterschale. Bei allen fünf Meisterschaften der Borussia stand der Verteidiger auf dem Platz (1970/71, 1975–77), auch bei beiden Vizemeisterschaften (1974/78), beim Pokalsieg 1973, bei beiden UEFA-Pokal-Siegen (1975/79) und im Endspiel der Landesmeister 1977 (1:3 gegen Liverpool). Die einzigen Titel, die Borussia Mönchengladbach ohne den »Terrier« holte, waren die Pokalerfolge 1960 und 1995.

Der »Terrier« nimmt Witterung auf und Johan Cruyffs Waden ins Visier. In den goldenen 1970er-Jahren war Berti Vogts in der Nationalmannschaft stets gesetzt und verpasste von 1970 bis 1978 nur zwei Spiele bei Welt- und Europameisterschaften: 1972 wegen einer Meniskusverletzung. 1974 war der Mann vom Niederrhein einer der großen Garanten des Erfolgs, als die deutsche Elf viermal zu null spielte und mit nur vier Gegentoren Weltmeister wurde.

2 Paul Breitner

Meistertrainer Udo Lattek (r.) freut sich, Paul Breitner (l.) auch. Sie gewannen 1972, 1973 und 1974 dreimal in Folge die Meisterschaft – das war zuvor noch keiner Mannschaft gelungen. Im Anschluss wechselte Breitner zu Real Madrid und wurde prompt zweimal in Folge Spanischer Meister. Sein letzter Doppelschlag: Nach seiner Rückkehr zu den Bayern feierte er 1980 und 1981 seine Meistertitel Nummer sechs und sieben.

Schöne Tapete, aber wer ist der Typ auf dem Foto? Im christlich-sozialen Bayern der 1970er-Jahre gefällt sich der »rote Paul« in der Pose des Salon-Revoluzzers, schmökert, nachdem er im Training den »schwarzen Franz« mehrfach umgesenst hat, in der »Peking-Rundschau«, während Boxer Dino skeptisch in die Kamera schielt. Ebenfalls unterhaltsam: Paules Auftritt im Western »Potato Fritz«, in dem es um skrupellose Geschäftemacher, zwielichtige Abenteurer, erbarmungslose Banditen, pflichtvergessene Soldaten, wehrlose Siedler und friedliebende Indianer, kurz: um das Übliche geht.

Paul Breitner (*1951)

Wichtigste Vereine:
FC Bayern München 1970–1974, 1978–1983, Real Madrid 1974–1977

Nationalmannschaft:
1971–1982, 48 Spiele, 10 Tore

Größte Erfolge:
Weltmeister 1974, Europameister 1972, Deutscher Meister 1972, 1973, 1974, 1980, 1981, Deutscher Pokalsieger 1971, 1982, Europapokalsieger der Landesmeister 1974, Spanischer Meister 1975, 1976, Spanischer Pokalsieger 1975

Dieses war der erste Streich: Im WM-Finale 1974 verwandelt Paul Breitner vom Punkt sicher gegen den holländischen Keeper Jan Jongbloed zum zwischenzeitlichen Ausgleich. Der zweite Streich: Im WM-Finale 1982 lag die deutsche Elf bereits aussichtlos 0:3 gegen Italien hinten, als dem Bayern das Leder maßgerecht vor die Füße sprang – der Ehrentreffer zum 1:3-Endstand. Breitner ist damit der einzige deutsche Spieler, der in zwei Weltmeisterschaftsendspielen traf – das gelang neben ihm alleine den Brasilianern Pelé und Vavá sowie dem Franzosen Zinédine Zidane.

1 Philipp Lahm

Der Auftakt des »Sommermärchens«: Gerade einmal fünf Minuten ist das Eröffnungsspiel der Weltmeisterschaft 2006 in München alt, als Philipp Lahm am linken Strafraumeck mit einer simplen Körpertäuschung zwei Costa Ricaner ins Leere laufen lässt und das Leder perfekt ins lange Eck schlenzt. Besser konnte das Turnier nicht beginnen, doch auf den WM-Titel musste der beste deutsche Außenverteidiger des 21. Jahrhunderts noch bis 2014 warten.

Philipp Lahm (*1983)

Wichtigste Vereine:
FC Bayern München 2002–2003, 2005–2017

Nationalmannschaft:
2004–2014, 113 Spiele, 5 Tore

Größte Erfolge:
Weltmeister 2014, Deutscher Meister 2006, 2008, 2010, 2013, 2014, 2015, 2016, 2017, Deutscher Pokalsieger 2006, 2008, 2010, 2013, 2014, 2016, Champions-League-Sieger 2013

Wunschlos glücklich: Alle Anspannung ist von Philipp Lahm abgefallen. Bei der Europameisterschaft 2004 war er der Lichtblick im deutschen Team. Bei den Weltmeisterschaften 2006 und 2010 und den Europameisterschaften 2008 und 2012 zählte er stets zu den herausragenden Akteuren nicht nur der deutschen Elf, sondern des Turniers. Fast wäre einer der besten deutschen Kicker aller Zeiten titellos in die Historie der Nationalmannschaft eingegangen, doch er hatte sich das Beste nur für den Schluss aufbewahrt – bei der Weltmeisterschaft 2014 unter dem Zuckerhut sparte er nicht mit Zuckerguss und fuhr die Ernte ein.

Football is coming hoam: 2010 stand Philipp Lahm mit den Bayern erstmals im Endspiel der Champions League, das allerdings gegen Inter Mailand 0:2 verloren ging. 2012 sollte der Fußball dann »hoam« kommen, doch die Bayern scheiterten im eigenen Stadion im Elfmeterschießen an den eigenen Nerven und dem FC Chelsea. 2013 war es dann endlich so weit: In Wembley siegten Lahm und Co. im deutschen Endspiel gegen Borussia Dortmund. Und mehr als das: Die Bayern gewannen nicht nur die Königsklasse, sondern auch Meisterschaft und Pokal – und damit als erste deutsche Mannschaft das Triple.

Mittelfeld defensiv/zentral

Die Strategen in der Schaltzentrale sind oft genug die wahren Chefs auf dem Platz. Sie nehmen die gegnerischen Spielmacher in Empfang, um ihnen das Leder gleich wieder abzuknöpfen. Zugleich sind sie heute mehr denn je Schlüsselspieler der eigenen Offensive: Denker und Lenker, Motoren und Antreiber, kurbeln sie das Spiel an und setzen die Angreifer mit klugen Pässen in Szene. Sie sind »Verbinder«, wie man früher sagte, oder »Box-to-Box«-Spieler, die den Raum zwischen den beiden Strafräumen überbrücken und für die Dynamik eines Fußballspiels verantwortlich zeichnen. Auf ihre alten Tage werden viele Strategen zu Abwehrspielern und organisieren das Spiel von ganz hinten – als »Libero«, einer heute freilich ausgestorbenen Art.

Top 14 der deutschen defensiven/ zentralen Mittelfeldspieler

	Spieler	Stammverein	Profijahre
1.	Lothar Matthäus	Borussia Mönchengladbach	1979–2000
2.	Matthias Sammer	Dynamo Dresden/Borussia Dortmund	1985–1998
3.	Joshua Kimmich	FC Bayern München	2013–
4.	Michael Ballack	Bayer 04 Leverkusen/FC Bayern München	1995–2012
5.	Toni Kroos	FC Bayern München/Real Madrid	2007–
6.	Bastian Schweinsteiger	FC Bayern München	2002–2019
7.	Rainer Bonhof	Borussia Mönchengladbach	1970–1983
8.	Stefan Effenberg	Borussia Mönchengladbach/ FC Bayern München	1987–2004
9.	Leon Goretzka	FC Schalke 04/FC Bayern München	2012–
10.	Herbert Wimmer	Borussia Mönchengladbach	1966–1978
11.	Sami Khedira	VfB Stuttgart	2004–2021
12.	Uli Stielike	Real Madrid	1972–1988
13.	Torsten Frings	Werder Bremen	1994–2013
14.	Dieter Eilts	Werder Bremen	1985–2002

14 Dieter Eilts

Dieter Eilts
(*1964)
Wichtigster Verein:
Werder Bremen 1985–2002
Nationalmannschaft:
1993–1997, 31 Spiele, 0 Tore
Größte Erfolge:
Europameister 1996, Deutscher Meister 1988, 1993, Deutscher Pokalsieger 1991, 1994, 1999, Europapokalsieger der Pokalsieger 1992

»Ostfriesen-Alemão« nannte ihn liebevoll sein Trainer Otto Rehhagel, »Eisen-Dieter« riefen ihn zärtlich die Fans. 1996 war der Abräumer pünktlich in Bestform, sorgte für Ruhe und Ordnung im deutschen Zentrum und hielt in der Schlacht von Manchester hart, aber herzlich dagegen, als die kroatische Elf es nicht mit Edeltechnik, sondern mit roher Gewalt versuchte. Dieter Eilts prägte die erfolgreichste Ära von Werder Bremen – mit »kontrollierter Offensive« gewannen die Hanseaten nicht nur mehrfach Meisterschaft und Pokal, sondern mit dem Europapokal der Pokalsieger auch den einzigen internationalen Titel der Vereinsgeschichte.

13 Torsten Frings

Granate aus 30 Metern: Nach dem 2:3-Anschlusstreffer Costa Ricas im Eröffnungsspiel der Weltmeisterschaft schüttelte Torsten Frings verärgert den Kopf, doch auch in der Folge preschten die Mittelamerikaner immer wieder gefährlich nach vorne. Da fasste sich der gelernte Stürmer ein Herz und ließ es richtig krachen – aus großer Distanz schlug das Leder im rechten Winkel ein. Das »Sommermärchen« ging zu Ende, als der Stabilisator – aus fragwürdigen Gründen und unter skandalösen Umständen – für das Halbfinale gesperrt wurde, in dem der deutschen Elf in der Verlängerung gegen Italien die Puste ausging.

Torsten Frings
(*1976)
Wichtigste Vereine:
Werder Bremen 1997–2002, 2005–2011, Borussia Dortmund 2002–2004, FC Bayern München 2004–2005
Nationalmannschaft:
2001–2009, 79 Spiele, 10 Tore
Größte Erfolge:
Deutscher Meister 2005, Deutscher Pokalsieger 1999, 2005, 2009

Talent
Angelo Stiller

Zweites Bundesligaspiel, erste Vorlage: Mit einer gefühlvollen Flanke setzte Angelo Stiller (M.) Kevin Akpoguma (l.) in Szene, der nur noch einzunicken brauchte – das zwischenzeitliche 1:1 der TSG Hoffenheim gegen Union Berlin im August 2021. Stiller wechselte 2021 vom FC Bayern in den Kraichgau und wurde auf Anhieb Stammspieler – unter Trainer Sebastian Hoeneß, der schon in der U19 und der zweiten Mannschaft der Bayern sein Trainer gewesen war.

Außer Konkurrenz
Thomas Hitzlsperger

»Hitz The Hammer« – Thomas Hitzlspergers Karriere begann 2001 bei Aston Villa in der englischen Premier League, wo er wegen seiner gefürchteten Gewaltschüsse seinen Spitznamen erhielt. Sein wichtigster Hammer für den VfB Stuttgart: ein unglaublicher Volley aus 20 Metern am letzten Spieltag der Saison 2006/07 gegen Energie Cottbus, durch den die Schwaben die Meisterschaft gewannen. 2014, als er seine Karriere beendet hatte, sprach er als erster bekannter deutscher Fußballer über seine Homosexualität, um die »öffentliche Diskussion voranzubringen« – allerdings ist bis heute kein Aktiver seinem Vorbild gefolgt.

12 Uli Stielike

Uli Stielike
(*1954)

Wichtigste Vereine:
Borussia Mönchengladbach 1972–1977,
Real Madrid 1977–1985,
Neuchâtel Xamax 1985–1988

Nationalmannschaft:
1975–1984, 42 Spiele, 3 Tore

Größte Erfolge:
Europameister 1980, Deutscher Meister 1975, 1976, 1977, Deutscher Pokalsieger 1973, Spanischer Meister 1978, 1979, 1980, Spanischer Pokalsieger 1980, 1982, Schweizer Meister 1987, 1988, UEFA-Pokal-Sieger 1975, 1985

Da geht's lang: Zwar gehörte das Rampenlicht bei der Europameisterschaft 1980 Bernd Schuster, der mit hoher Spielmacherkunst die Fäden im deutschen Spiel zog, doch Uli Stielike, der Denker und Lenker in der Defensive, war nicht minder wichtig für den Erfolg. Der Libero und sein Vorstopper, Karlheinz Förster, bildeten ein glänzendes Duo auf dem Weg zum Titel. Stielike war mit der Expertise von sechs Meisterschaften in Folge zur EM angereist: Von 1975 bis 1977 war er mit der Gladbacher Fohlenelf dreimal Meister geworden, von 1978 bis 1980 dreimal mit Real Madrid.

11 Sami Khedira

Sensationeller Schlussspurt: Mit einer blutjungen Mannschaft um die Eigengewächse Mario Gómez, Serdar Taşçı und Sami Khedira startete der VfB Stuttgart in die Saison 2006/07 – und zwar eher durchwachsen. Dann aber nahmen die jungen Wilden Fahrt auf, spielten sich in der Spitzengruppe fest, gewannen siebenmal in Folge und waren vor dem letzten Spieltag plötzlich Tabellenführer. Im alles entscheidenden Spiel gegen Energie Cottbus lagen sie zurück, doch Sami Khedira drehte die Partie mit einem Kopfball und die Schwaben wurden sensationell Meister. Der erste Titel des Deutsch-Tunesiers, der seine Karriere bei der Weltmeisterschaft 2014 krönte.

Sami Khedira
(*1987)

Wichtigste Vereine:
VfB Stuttgart 2006–2010, Real Madrid 2010–2015, Juventus Turin 2015–2021

Nationalmannschaft:
2009–2018, 77 Spiele, 7 Tore

Größte Erfolge:
Weltmeister 2014, Deutscher Meister 2007, Spanischer Meister 2012, Spanischer Pokalsieger 2011, 2014, Italienischer Meister 2016, 2017, 2018, 2019, 2020, Italienischer Pokalsieger 2016, 2017, 2018, Champions-League-Sieger 2014

Legende
Jimmy Hartwig

Jimmy Hartwig hat die Meisterschale fest im Griff: Der GI-Sohn mit dem herrlichen hessischen Dialekt war mehr als bloß ein legendäres Enfant terrible der Bundesliga, denn er prägte die erfolgreichste Ära des Hamburger Sportvereins. 1980, 1981 und 1984 wurde er Vizemeister, 1979, 1982 und 1983 Meister. Nachdem der HSV das Endspiel der Landesmeister 1980 noch verloren hatte, triumphierte er 1983 gegen Juventus Turin und gewann den »Äppelwoi-Bembel«.

Defensive Mittelfeldspieler in Schwarz-Weiß
Horst Szymaniak

Schimmi, das Original: Horst Szymaniak soll Pate gestanden haben bei der Namensfindung für den Tatort-Kommissar Horst Schimanski. Wie dieser Kind des Ruhrpotts, verkörperte Szymaniak Ende der 1950er-, Anfang der 1960er-Jahre die absolute Weltklasse in der defensiven Absicherung vor der Abwehrreihe und gehörte 1958 zu den besten Spielern der Weltmeisterschaft in Schweden. Zum jungen Franz Beckenbauer soll er gesagt haben: »Wir sind die letzten Helden des 20. Jahrhunderts – nach uns kommen nur noch Spieler aus Kunststoff.«

10 Herbert Wimmer

Der filigrane Sechser: Herbert »Hacki« Wimmer war ursprünglich Rechtsaußen, rückte dann nach hinten und wurde »Netzers Wasserträger«. Er war jedoch alles andere als der Mann fürs Grobe, sondern hatte selbst Spielmacherqualitäten und hielt Freigeist Netzer mit unermüdlichen Läufen, feinster Technik und beispielloser Übersicht den Rücken frei. Seine Sternstunde schlug bei der Europameisterschaft 1972, als die deutsche Elf glanzvoll den Titel gewann.

Herbert Wimmer
(*1944)

Wichtigste Vereine:
Borussia Mönchengladbach 1966–1978

Nationalmannschaft:
1968–1976, 36 Spiele, 4 Tore

Größte Erfolge:
Weltmeister 1974, Europameister 1972, Deutscher Meister 1970, 1971, 1975, 1976, 1977, Deutscher Pokalsieger 1973, UEFA-Cup-Sieger 1975

9 Leon Goretzka

Leon Goretzka
(*1995)

Wichtigste Vereine:
FC Schalke 04 2013–2018,
FC Bayern München 2018–

Nationalmannschaft:
2014–, 44 Spiele, 14 Tore

Größte Erfolge:
Deutscher Meister 2019, 2020, 2021, 2022, Deutscher Pokalsieger 2019, 2020, Champions-League-Sieger 2020

Aus dem Hintergrund müsste Leon Goretzka schießen – und Goretzka schießt. Und wie! Mit einem herrlichen Seitfallzieher lässt er Keeper Markus Schubert im Januar 2020 nicht den Hauch einer Chance – das zwischenzeitliche 3:0, am Ende fertigen die Bayern Schalke 04 5:0 ab. Acht Monate später trifft Goretzka erneut gegen seinen Exverein, der sich diesmal sogar eine Packung mit acht Toren einhandelt.

Legenden
Klaus Fichtel und Mirko Votava

Dauerbrenner unter sich: Klaus Fichtel (l.), genannt »Tanne«, machte sein erstes Bundesligaspiel für Schalke 04 mit 20 Jahren am 14. August 1965, sein letztes fast 23 Jahre später – die längste Karriere in der ersten Liga. Mirko Votava (r.) steht ihm kaum nach: Sein Bundesligadebüt gab er am 25. September 1976, seinen Ausstand zwei Jahrzehnte später. Zusammen kommen sie auf weit über tausend Bundesligapartien, aber nur auf 28 Länderspiele.

Älteste Feldspieler der Bundesliga

	Spieler	Verein	Datum	Alter
1.	Klaus Fichtel	FC Schalke 04	21.05.1988	43 Jahre 06 Monate 02 Tage
2.	Claudio Pizarro	Werder Bremen	27.06.2020	41 Jahre 08 Monate 24 Tage
3.	Mirko Votava	Werder Bremen	06.12.1996	40 Jahre 07 Monate 11 Tage
4.	Manfred Burgsmüller	Werder Bremen	12.05.1990	40 Jahre 04 Monate 20 Tage
5.	Morten Olsen	1. FC Köln	10.06.1989	39 Jahre 09 Monate 27 Tage

8 Stefan Effenberg

Stefan Effenberg (*1968)

Wichtigste Vereine:
Borussia Mönchengladbach 1987–1990, 1994–1998, FC Bayern München 1990–1992, 1998–2002, AC Florenz 1992–1994

Nationalmannschaft:
1991–1998, 35 Spiele, 5 Tore

Größte Erfolge:
Deutscher Meister 1999, 2000, 2001, Deutscher Pokalsieger 1995, 2000, Champions-League-Sieger 2001

Der Tiger: Stefan Effenberg brüllt seine Erleichterung heraus, so laut es eben geht. Zwei Jahre zuvor hatte er mit Bayern München die Champions League in der Nachspielzeit gegen Manchester United verloren. 2001 gelang Gaizka Mendieta für den FC Valencia nach nur drei Minuten die Führung, doch Tiger Effenberg brachte die Bayern kurz nach der Pause zurück – und traf auch im Elfmeterschießen, das die Münchner 5:4 gewannen.

Talent
Niklas Dorsch

Niklas Dorsch (l.) und Nico Schlotterbeck lassen den Pokal nicht mehr los. Dorsch war der »Aggressive Leader« im deutschen Mittelfeld, als die U21-Nationalmannschaft völlig überraschend die Europameisterschaft 2021 gewann. Insbesondere im Halbfinale gegen die Niederlande (2:1) und im Endspiel gegen Portugal (1:0) scheute der Abräumer keinen Zweikampf und sorgte für klare Verhältnisse im Mittelfeld.

7 Rainer Bonhof

Rainer Bonhof
(*1952)

Wichtigste Vereine:
Borussia Mönchengladbach 1970–1978, FC Valencia 1978–1980, 1. FC Köln 1980–1983

Nationalmannschaft:
1972–1981, 53 Spiele, 9 Tore

Größte Erfolge:
Weltmeister 1974, Europameister 1972, 1980, Deutscher Meister 1971, 1975, 1976, 1977, Deutscher Pokalsieger 1973, Spanischer Pokalsieger 1979, UEFA-Pokal-Sieger 1975, Europapokalsieger der Pokalsieger 1980

Holländische Klebe: Rainer Bonhof (2. v. l.) dreht 1974 das WM-Spiel gegen Schweden, nachdem Wolfgang Overath Sekunden zuvor ausgeglichen hat. Deutschland gewinnt 4:2 und erreicht das Finale gegen die Niederlande – für die der Mann vom Niederrhein ebenfalls hätte spielen können, der erst 1969 deutscher Staatsbürger geworden war. Mit seinem gewaltigen Schuss war Bonhof nicht ganz unbeteiligt an vier Meisterschaften für Borussia Mönchengladbach zwischen 1971 und 1977 sowie am UEFA-Pokal-Sieg 1975 gegen – ausgerechnet – Twente Enschede von der deutsch-niederländischen Grenze.

6 Bastian Schweinsteiger

Hacke, Spitze, eins, zwei, drei: Als wäre es das Einfachste von der Welt, trifft Bastian Schweinsteiger am 28. Spieltag der Saison 2012/13 mit der Hacke zum 1:0 gegen die SGE. Ein absolutes Traumtor, das die Bayern sechs Spieltage vor Ende der Spielzeit frühzeitig zum Meister machte. Die Bayern gewannen auch den Pokal – 3:2 gegen Stuttgart – und die Champions League – 2:1 gegen Dortmund – und fuhren als erstes deutsches Team überhaupt das Triple ein.

Bastian Schweinsteiger (*1984)

Wichtigster Verein:
FC Bayern München 2002–2015, Manchester United 2015–2017

Nationalmannschaft:
2004–2016, 121 Spiele, 24 Tore

Größte Erfolge:
Weltmeister 2014, Deutscher Meister 2003, 2005, 2006, 2008, 2010, 2013, 2014, 2015, Deutscher Pokalsieger 2003, 2005, 2006, 2008, 2010, 2013, 2014, Englischer Pokalsieger 2016, Champions-League-Sieger 2013, Europa-League-Sieger 2017

Defensive Mittelfeldspieler in Schwarz-Weiß

Horst Eckel

Der Windhund: Horst Eckel (M.) hatte es eigentlich als Mittelstürmer weit bringen wollen, war zeitweise Rechtsaußen oder agierte hinter den Spitzen. Bundestrainer Sepp Herberger war sehr angetan von dem spindeldürren Laufwunder und beorderte ihn in die Defensive, um ihn den gegnerischen Spielmachern an die Fersen zu heften. Ganz brillant gelang dies dem Lauterer Bub im WM-Endspiel 1954, als er Nándor Hidegkuti aus dem Spiel nahm und sogar noch die Zeit fand, Ferenc Puskás auf die Nerven zu gehen.

Auf dem Gipfel: Halb Argentinien will Bastian Schweinsteiger (M.) an die Wäsche, sogar Lionel Messi versucht, ihn zu stoppen, doch der Bayer macht zur rechten Zeit eines seiner besten Spiele im Nationaltrikot und wird Weltmeister. Kein anderer deutscher Spieler stand bei großen Turnieren so oft auf dem Platz: 38-mal sang »Schweini« bei Welt- und Europameisterschaften die deutsche Hymne.

5 Toni Kroos

Toni Kroos (*1990)

Wichtigste Vereine: FC Bayern München 2007–2014, Real Madrid 2014–

Nationalmannschaft: 2010–2021, 106 Spiele, 17 Tore

Größte Erfolge: Weltmeister 2014, Deutscher Meister 2008, 2013, 2014, Deutscher Pokalsieger 2008, 2013, 2014, Spanischer Meister 2017, 2020, 2022, Champions-League-Sieger 2013, 2016, 2017, 2018, 2022

Der Oberkellner: Die beiden ersten Tore hatte Toni Kroos vorbereitet, Nummer drei und vier (Foto) übernahm er gleich selbst, als die deutsche Elf die stolze Seleção mit 7:1 demütigte und ins Endspiel der Weltmeisterschaft 2014 einzog. Die brasilianische Presse nannte ihn ehrfürchtig »Garçom«, den Kellner, denn Kroos servierte Ball um Ball mit einer Präzision, die ihresgleichen suchte. Der Taktgeber des deutschen Spiels gehörte zu den Hauptverantwortlichen, als die Adlerträger in Rio den vierten Stern vom Fußballhimmel pflückten.

Fünfmal Henkelpott: Kein deutscher Spieler hat die Königsklasse so oft gewonnen wie Toni Kroos. Seinen ersten Triumph feierte der Stratege 2013 mit Bayern München (2:1 gegen Borussia Dortmund). 2016 behielt er mit Real im Madrider Duell gegen Atlético im Elfmeterschießen die Oberhand. 2017 verteidigten die Königlichen den Titel mit 4:1 gegen Juventus Turin. 2018 machten Kroos und Co. den Titel-Hattrick perfekt, als sie den FC Liverpool mit 3:1 besiegten. Titel Nummer fünf: 2022, wieder gegen die »Reds« aus Liverpool.

4 Michael Ballack

Vizekusen und Bayerndoubles: Zinédine Zidane (l.) schießt im Champions-League-Finale 2002 das unvergessliche Traumtor zum 2:1 für Real gegen Bayer, Michael Ballack (r.) kommt Sekundenbruchteile zu spät. Kurz zuvor war Leverkusen erneut denkbar knapp »nur« Vizemeister geworden und hatte äußerst unglücklich das Pokalendspiel verloren. Ballack verließ »Vizekusen« und gewann mit Bayern München endlich Titel, nämlich 2003, 2005 und 2006 dreimal das Double.

Michael Ballack (*1976)

Wichtigste Vereine:
1. FC Kaiserslautern 1997–1999, Bayer 04 Leverkusen 1999–2002, 2010–2012, FC Bayern München 2002–2006, FC Chelsea 2006–2010

Nationalmannschaft:
1999–2010, 98 Spiele, 42 Tore

Größte Erfolge:
Deutscher Meister 1998, 2003, 2005, 2006, Deutscher Pokalsieger 2003, 2005, 2006, Englischer Meister 2010, Englischer Pokalsieger 2007, 2009, 2010

El Capitano: Im Halbfinale der Weltmeisterschaft 2002 gegen Südkorea erlöst Michael Ballack ganz Fußballdeutschland und bucht das Endspielticket. Vier Minuten zuvor hatte er sich Gelb eingefangen und war damit im Finale gesperrt. Der »Unvollendete« wurde viermal in Folge – von 2002 bis 2008 – ins All-Star-Team von Welt- und Europameisterschaften gewählt und musste sich doch immer mit zweiten und dritten Plätzen begnügen.

Legende

Michael Zorc

Susi: Michael Zorc (M.) erhielt seinen extravaganten Spitznamen wegen seiner langen Haare – und behielt ihn auch, als die längst ab waren. Mit 571 Partien Rekordspieler und Vereinslegende von Borussia Dortmund, hat kein anderer defensiver Mittelfeldspieler in der Bundesliga öfter getroffen: 130-mal in 462 Partien. Er führte die Schwarz-Gelben als Kapitän zu den Meisterschaften 1995 und 1996 und gewann 1997 die Champions League.

3 Joshua Kimmich

Joshua Kimmich (*1995)

Wichtigste Vereine:
RB Leipzig 2013–2015,
FC Bayern München 2015–

Nationalmannschaft:
2016–, 68 Spiele, 5 Tore

Größte Erfolge:
Deutscher Meister 2016, 2017, 2018, 2019, 2020, 2021, 2022,w Deutscher Pokalsieger 2016, 2019, 2020, Champions-League-Sieger 2020

Alles muss raus: Nach einem fantastischen Solo von Alphonso Davies über die linke Seite stürmt Joshua Kimmich (M.) an den 5-Meter-Raum des FC Barcelona und drischt das Leder zum zwischenzeitlichen 6:2 in die Maschen. Im Viertelfinale der Champions League 2019/20 erwischt der FC Bayern einen Sahnetag und vermöbelt die Katalanen mit 8:2. Die Münchner gewinnen nicht nur die Königsklasse, sondern auch Pokal und Meisterschaft – und damit das Triple.

Streckt sich artistisch nach dem Ball: In der dritten Vorrundenpartie der Europameisterschaft 2016 macht Joshua Kimmich sein zweites Länderspiel – und ist seither nicht mehr aus der Nationalmannschaft wegzudenken. Obwohl die deutsche Elf im Halbfinale gegen Gastgeber Frankreich ausscheidet, wird der Youngster – damals noch auf der Rechtsverteidigerposition – in die Mannschaft des Turniers gewählt.

2 Matthias Sammer

Das Drama von der Grotenburg: Matthias Sammer (l.) und Jörg Stübner (r.) bewachen Michael Dämgen (M.) – vergebens! 2:0 hatte Dynamo Dresden das Viertelfinalhinspiel im Europapokal der Pokalsieger 1985/86 gewonnen und führte im Rückspiel in Krefeld zur Pause 3:1. Doch in der zweiten Halbzeit, der vielleicht legendärsten der Fußballgeschichte, trafen die Blauen sechsmal ins schwarz-gelbe Herz: das »Wunder von der Grotenburg«, das für Matthias Sammer und Co. eher ein Drama gewesen sein dürfte.

Triumphales Trio: In der erfolgreichen BVB-Ära von 1995 bis 1997 bildeten Júlio César, Jürgen Kohler und Matthias Sammer (v. l. n. r.) eine der besten Abwehrreihen der Bundesligageschichte. César glänzte mit brasilianischen Momenten und stoischer Ruhe, Kohler war der Albtraum aller Mittelstürmer und Feuerkopf Sammer der unumstrittene Denker und Lenker, erst recht, nachdem er von Trainer Ottmar Hitzfeld zum Libero berufen worden war. 1995 und 1996 wurde das meisterliche Trio Meister und gewann 1997 die Königsklasse.

Matthias Sammer (*1967)

Wichtigste Vereine:
Dynamo Dresden 1985–1990, VfB Stuttgart 1990–1992, Borussia Dortmund 1993–1998

Nationalmannschaft:
DDR 1986–1990, 23 Spiele, 6 Tore, Deutschland 1990–1997, 51 Spiele, 8 Tore

Größte Erfolge:
Europameister 1996, DDR-Meister 1989, 1990, Deutscher Meister 1992, 1995, 1996, DDR-Pokalsieger 1990, Champions-League-Sieger 1997

Die Kraft des Willens: Matthias Sammer fliegt über das Feld, hämmert das Leder aufs russische Tor, erschießt beinahe den Torhüter und staubt dann selbst ab – die Führung gegen eine Sbornaja, die bis dahin spektakulären Kombinationsfußball gezeigt hatte. Libero Sammer war bei der Europameisterschaft 1996 überall zu finden, machte hinten dicht, dirigierte in der Mitte, attackierte vorne – und wurde nach dem Titelgewinn zum Spieler des Turniers sowie zu Deutschlands und Europas Fußballer des Jahres gewählt.

1 Lothar Matthäus

Jedem Anfang wohnt ein Zauber inne: Der 19-jährige Lothar Matthäus hat 1980 noch seine ganze Karriere vor sich. Mit 150 Länderspielen führt er die Liste der deutschen Nationalspieler mit großem Abstand an – und war zwischenzeitlich auch weltweit die Nummer eins. Zwischen 1980 und 2000 nahm der Rekordinternationale an sage und schreibe fünf Weltmeisterschaften und vier Europameisterschaften teil und lief 36-mal auf. Er räumte alle Titel und Ehrungen ab, die es im Weltfußball gibt – nur die Königsklasse konnte er nie gewinnen.

Lothar Matthäus (*1961)

Wichtigste Vereine:
Borussia Mönchengladbach 1979–1984, FC Bayern München 1984–1988, 1992–2000, Inter Mailand 1988–1992

Nationalmannschaft:
1980–2000, 150 Spiele, 23 Tore

Größte Erfolge:
Europameister 1980, Weltmeister 1990, Deutscher Meister 1985, 1986, 1987, 1994, 1997, 1999, 2000, Deutscher Pokalsieger 1986, 1998, Italienischer Meister 1989, UEFA-Pokal-Sieger 1991, 1996

Traumhafte erste Saison: Durch ein Probetraining hatte der 18-jährige Lothar Matthäus einen Vertrag bei Borussia Mönchengladbach ergattert, ab dem siebten Spieltag der Saison 1979/80 war er im Mittelfeld gesetzt und erreichte gleich sein erstes Finale: Im Endspiel des UEFA-Cups verloren die »Fohlen« das deutsche Duell gegen Eintracht Frankfurt. Die Kirsche auf der Sahne auf der Torte: Der Youngster fuhr mit zur Europameisterschaft 1980 in Italien und debütierte beim 3:2 gegen die Niederlande (Foto) – das erste von 150 Länderspielen.

Deutsche Spieler mit den meisten WM-Einsätzen

	Spieler	Spiele	Turniere
1.	Lothar Matthäus	25	1982, 1986, 1990, 1994, 1998
2.	Miroslav Klose	24	2002, 2006, 2010, 2014
3.	Uwe Seeler	21	1958, 1962, 1966, 1970
4.	Philipp Lahm	20	2006, 2010, 2014
	Bastian Schweinsteiger	20	2006, 2010, 2014

Am Boden zerstört: Lothar Matthäus hatte seinen Wechsel von Gladbach zu den Bayern längst verkündet, als die beiden Mannschaften im Pokalfinale aufeinandertrafen. Eine brisante Partie für Matthäus: Nach einer halben Stunde bereitete er die Gladbacher Führung vor, nach 120 Minuten kam es zum Elfmeterschießen, Matthäus trat als Erster an den Punkt – und schoss drüber. Bayern gewann und Matthäus musste die »Judas«-Rufe über sich ergehen lassen.

Sieben Meisterschalen: Zwischen 1985 und 2000 reckte Lothar Matthäus siebenmal die Trophäe des deutschen Meisters in die Höhe. Besonders dramatisch fiel die Entscheidung 1986: Am 34. Spieltag schoss Matthäus nach wenigen Sekunden die Führung – ausgerechnet – gegen Gladbach, die Bayern gewannen 6:0, überholten Werder Bremen auf der Ziellinie und wurden Meister – ohne an den Spieltagen 1 bis 33 ein einziges Mal Tabellenführer gewesen zu sein.

Auftakt nach Maß: Rechtzeitig zur Weltmeisterschaft 1990 war Lothar Matthäus in der Form seines Lebens, holte hinten die Kohlen aus dem Feuer und knipste vorne munter drauflos. Im ersten Spiel gegen die starke jugoslawische Auswahl traf er zum 1:0 und 3:1 (Endstand 4:1) – ein klares Zeichen an die Fußballwelt, dass die Mannschaft um Leitwolf Matthäus nicht angereist war, um wieder »nur« Zweiter zu werden.

Auf dem Gipfel: Lothar Matthäus schwärmt mit der Trophäe des Weltmeisters durch das nächtliche Rom. Zum spielentscheidenden Elfmeter im Endspiel trat Andi Brehme an, weil Matthäus' Sohle gebrochen war und er nach der Pause mit nicht eingelaufenem Schuhwerk weiterspielen musste. Der herausragende Spieler des Turniers wurde in der Folge mit Ehrungen überhäuft: Fußballer des Jahres Deutschlands und Europas 1990, Weltfußballer der IFFHS 1990 und der FIFA 1991 sowie Europas Sportler des Jahres 1990.

Mittelfeld offensiv

In Brasilien nennt man den Fußball »O Jogo Bonito« – das schöne Spiel. Und für diese Schönheit, für Glanz und Gloria sind vor allem die Spielgestalter und Zehner, Virtuosen und Edeltechniker verantwortlich, auch im Land der »deutschen Tugenden«. Während echte Spielmacher früher in keiner Partie fehlten, sind sie heute rar gesät und beinahe vom Aussterben bedroht – denn die modernen Spielphilosophien verteilen Spielaufbau und -gestaltung auf vielen Schultern.

Top 14 der deutschen offensiven Mittelfeldspieler

	Spieler	Stammverein	Profijahre
1.	Wolfgang Overath	1. FC Köln	1963–1977
2.	Günter Netzer	Borussia Mönchengladbach	1963–1977
3.	Bernd Schuster	FC Barcelona	1978–1997
4.	Felix Magath	Hamburger SV	1974–1986
5.	Mesut Özil	FC Arsenal	2006–
6.	Thomas Häßler	1. FC Köln	1984–2004
7.	Heinz Flohe	1. FC Köln	1966–1980
8.	Mario Götze	Borussia Dortmund	2009–
9.	Olaf Thon	FC Schalke 04	1983–2002
10.	Pierre Littbarski	1. FC Köln	1978–1997
11.	Andreas Möller	Eintracht Frankfurt/Borussia Dortmund	1985–2004
12.	İlkay Gündoğan	Borussia Dortmund/Manchester City	2009–
13.	Mehmet Scholl	FC Bayern München	1989–2007
14.	Mario Basler	1. FC Kaiserslautern/Werder Bremen	1987–2004

14 Mario Basler

Mario Basler
(*1968)

Wichtigste Vereine:
1. FC Kaiserslautern 1987–1989, 1999–2003, Hertha BSC 1991–1993, Werder Bremen 1993–1996, FC Bayern München 1996–1999

Nationalmannschaft:
1994–1998, 30 Spiele, 2 Tore

Größte Erfolge:
Europameister 1996, Deutscher Meister 1997, 1999, Deutscher Pokalsieger 1994, 1998

Super-Mario: Markus Babbel (M.) geht schnellstmöglich in Deckung, die Mauer von Manchester United versucht es mit Hüpfen, doch Mario Basler (l.) zirkelt den Ball flach ins rechte Eck hinter Torwart Peter Schmeichel. Das 1:0 im Endspiel der Champions League 1999 für die Bayern nach nur sechs Minuten, doch der Fußballgott hatte sich für diesen Abend etwas ganz Besonderes ausgedacht, weswegen das Pfälzer Original mit dem losen Mundwerk und dem eigenwilligen Spielstil auf europäischer Ebene titellos in die Fußballhistorie einging.

13 Mehmet Scholl

Mehmet Scholl
(*1970)

Wichtigste Vereine:
Karlsruher SC 1989–1992,
FC Bayern München 1992–2007

Nationalmannschaft:
1995–2002, 36 Spiele, 8 Tore

Größte Erfolge:
Europameister 1996, Deutscher Meister 1994, 1997, 1999, 2000, 2001, 2003, 2005, 2006, Deutscher Pokalsieger 1998, 2000, 2003, 2005, 2006, Champions-League-Sieger 2001, UEFA-Pokal-Sieger 1996

Der Serienmeister: Als Mehmet Scholl 2007 die Stiefel endgültig an den Nagel hängte, war er mit acht Meisterschaften und fünf Pokalsiegen zwischenzeitlich der erfolgreichste Sammler nationaler Titel. Und auch auf dem internationalen Parkett machte der Edeltechniker 2001 die Scharte des verlorenen Champions-League-Endspiels 1999 gegen Manchester United wett, als die Bayern in der Nachspielzeit den Titel verspielt hatten. Nur einen Titel konnte der Trophäensammler nicht gewinnen: die Deutsche Meisterschaft im Kegeln, seit der Jugend seine zweite sportliche Leidenschaft.

Kronprinz Kai Havertz

Kein Blues: Zu Beginn seiner ersten Spielzeit beim FC Chelsea hatte Kai Havertz (M.) leichte Eingewöhnungsschwierigkeiten, kam dann aber immer besser ins Rollen. Und wie: In der Champions League besiegten die »Blues« in iberischen Festwochen Atlético Madrid, den FC Porto und Real Madrid. Im Finale trafen die Dunkelblauen auf die Hellblauen von Manchester City, Kai Havertz war nach einem genialen Steilpass von Mason Mount kurz vor der Pause plötzlich völlig blank und schob ein – der goldene Treffer des Abends, und mit einem Mal war Havertz kein Lehrling mehr, sondern der König der Königsklasse.

Jüngste deutsche Torschützen bei Europameisterschaften

	Spieler	Gegner	Endergebnis	Datum	Alter
1.	Kai Havertz	Portugal	4:1	19.06.2021	22 Jahre 8 Tage
2.	Olaf Thon	Dänemark	2:0	14.06.1988	22 Jahre 1 Monat 14 Tage
3.	Dieter Müller	Jugoslawien	4:2 n.V.	17.06.1976	22 Jahre 2 Monate 16 Tage
4.	Julian Draxler	Slowakei	3:0	26.06.2016	22 Jahre 9 Monate 6 Tage
5.	Lukas Podolski	Polen	2:0	08.06.2008	23 Jahre 4 Tage

12 İlkay Gündoğan

İlkay Gündoğan
(*1990)

Wichtigster Verein:
Borussia Dortmund 2011–2016, Manchester City 2016–

Nationalmannschaft:
2011–, 60 Spiele, 15 Tore

Größte Erfolge:
Deutscher Meister 2012, Deutscher Pokalsieger 2012, Englischer Meister 2018, 2019, 2021, 2022, Englischer Pokalsieger 2019

Schwache Nerven: Im Sommer 2013 war İlkay Gündoğan (l.) in bestechender Form, doch gegen die überragenden Bayern war weder in der Liga noch im Pokal ein Kraut gewachsen. Im Endspiel um die Königsklasse entwickelte sich ein offener Fight, Gündoğan zeigte sich vom Punkt nervenstark und glich aus, aber Arjen Robben (r.) zerstörte in der Schlussminute alle Dortmunder Träume und machte das Triple perfekt. In der folgenden Saison setzte eine Nervenkrankheit den Spielgestalter matt, der deswegen die brasilianischen Festwochen verpasste und 2014 nicht Weltmeister wurde.

Talent
Florian Wirtz

Florian Wirtz zeigt es an: Es gibt nur einen Weg – den steil nach oben. Nach seinem Wechsel über den Rhein vom 1. FC Köln zu Bayer 04 Leverkusen startete der Youngster so richtig durch, wurde bald jüngster Spieler der Werkself und gehört zu den jüngsten Spielern und Torschützen der Bundesligageschichte. Schon Jogi Löw hatte das Ausnahmetalent zur Nationalmannschaft eingeladen, und unter Hansi Flick gehörte der kraftvolle und abschlussstarke Offensivmann gleich zum Stammpersonal – ihm gehört fraglos nicht erst die Zukunft, sondern schon die Gegenwart.

Legende
Thomas von Heesen

Null Länderspiele: 14 Jahre lang prägte Thomas von Heesen eine Ära und wurde zur Ikone des Hamburger Sportvereins. Er gewann zweimal die Meisterschaft, den Pokal, den Europapokal der Landesmeister – und ging in die Geschichte als der vielleicht beste deutsche Kicker ohne ein einziges Länderspiel ein. Sein legendärster Moment: 1982 lag der HSV gegen Bayern im vorentscheidenden Spiel um die Meisterschaft 1:3 zurück, der erst 21-jährige von Heesen schnappte sich am eigenen Strafraum den Ball, machte nach einem großartigen Solo den Anschlusstreffer, der HSV drehte das Spiel, gewann 4:3 – und die Meisterschaft.

11 Andreas Möller

Heidewitzka, Herr Kapitän: Paul Gascoigne (l.) sieht nur die Hacken von Andy Möller, der eine Millisekunde später steil zu Thomas Helmer durchsteckt, der sofort in die Mitte flankt, wo Stefan Kuntz zum 1:1 gegen England einschießt. Nur im Halbfinale der EM 1996 trug Möller die Kapitänsbinde der Nationalelf – man hätte sie ihm öfter geben sollen, denn der viel kritisierte Spielmacher zeigte eine Weltklasseleistung, war der beste Mann auf dem Platz bei einem rauschenden Fußballfest und verwandelte den entscheidenden Ball im Elfmeterschießen.

Andreas Möller
(*1967)

Wichtigste Vereine:
Eintracht Frankfurt 1985–1987, 1990–1992, 2003–2004, Borussia Dortmund 1988–1990, 1994–2000, Juventus Turin 1992–1994, FC Schalke 04 2000–2003

Nationalmannschaft:
1988–1999, 85 Spiele, 29 Tore

Größte Erfolge:
Weltmeister 1990, Europameister 1996, Deutscher Meister 1995, 1996, Deutscher Pokalsieger 1989, 2001, 2002, Champions-League-Sieger 1997, UEFA-Pokal-Sieger 1993

10 Pierre Littbarski

Die krummsten Beine des deutschen Fußballs: Treffer Nummer eins hatte Pierre Littbarski (l.) selbst gemacht, vor dem zweiten steckte er für Klaus Fischer (r.) durch, der sich nur noch die Ecke auszusuchen brauchte – Deutschland zog nach dem 2:1 gegen Gastgeber Spanien ins Halbfinale der WM 1982 gegen Frankreich ein, wo »Litti« erneut einmal traf und einmal vorlegte. Der Flankengott und Dribbelkünstler musste allerdings noch acht Jahre warten, bis er seine Karriere bei der Weltmeisterschaft 1990 krönen konnte.

Pierre Littbarski
(*1960)

Wichtigster Verein:
1. FC Köln 1978–1986, 1987–1993

Nationalmannschaft:
1981–1990, 73 Spiele, 18 Tore

Größte Erfolge:
Weltmeister 1990, Deutscher Pokalsieger 1983

8 Mario Götze

Nicht zu halten: Der Schalker Nicolas Plestan (l.) versucht es, aber es will nicht recht gelingen. Nachdem der blutjunge Mario Götze (M.) schon in der Vorsaison einige Minuten Bundesligaluft geschnuppert hat, legt er 2010/11 so richtig los. Gegen die Knappen gelingt ihm erstmals in Liga eins eine Vorlage, 14 weitere folgen, als die Borussen unter Zampano Jürgen Klopp Meister werden und eine neue Ära des Erfolgs einläuten. Götzes Stern ging früh auf: Mit 17 Jahren und 5 Monaten schlug er in der Bundesliga auf, mit 18 Jahren und 2 Monaten brachte er erstmals das Runde im Eckigen unter.

Mario Götze
(*1992)

Wichtigster Verein:
Borussia Dortmund 2009–2013, 2016–2020, FC Bayern München 2013–2016

Nationalmannschaft:
2010–2017, 63 Spiele, 17 Tore

Größte Erfolge:
Weltmeister 2014, Deutscher Meister 2011, 2012, 2014, 2015, 2016, Deutscher Pokalsieger 2012, 2014, 2016, 2017, Niederländischer Pokalsieger 2022

Talente
Jamal Musiala

M wie München, M wie Magnet, M wie Musiala: Der Junge mit den Magneten in den Füßen jubelt nach einem Tor mit zu einem M geformten Fingern. Der Sohn einer Deutschen mit polnischen Wurzeln und eines Nigerianers sorgte schon in den Nachwuchsakademien des FC Southampton und FC Chelsea für Furore. Nach seinem Wechsel zu den Bayern startete er so richtig durch, knackte reihenweise Altersrekorde, debütierte als jüngster Spieler seit Ewigkeiten in der Nationalmannschaft und ist mit seiner sagenhaften Edeltechnik, Dribbelkunst, Kombinationslust und Torgefährlichkeit nicht mehr aus der deutschen Elf wegzudenken.

Legende
Uwe Bein

Der Meister des tödlichen Passes: In den 1980er-Jahren schrammte Eintracht Frankfurt mehrfach knapp am Abstieg vorbei, spielte zwischen 1989 und 1994 dann aber plötzlich mit dem sogenannten »Fußball 2000« um die Meisterschaft. Das könnte etwas damit zu tun haben, dass in genau diesen Jahren Uwe Bein das Spiel der Hessen gestaltete. Mit der Erfahrung von nur sechs Länderspielen fuhr der glänzende Passgeber 1990 – als einer von sage und schreibe fünf Spielmachern – zur Weltmeisterschaft, war plötzlich gesetzt, verletzte sich dann aber, verfolgte Halbfinale und Endspiel von der Bank – und war Weltmeister.

Die jüngsten Nationalspieler seit 1950

	Spieler	Datum	Gegner	Ergebnis	Alter
1.	Uwe Seeler	16.10.1954	Frankreich	1:3	17 Jahre 11 Monate 11 Tage
2.	Jamal Musiala	25.03.2021	Island	3:0	18 Jahre 27 Tage
3.	Florian Wirtz	02.09.2021	Liechtenstein	2:0	18 Jahre 3 Monate 30 Tage
4.	Mario Götze	17.11.2010	Schweden	0:0	18 Jahre 5 Monate 14 Tage
5.	Olaf Thon	16.12.1984	Malta	3:2	18 Jahre 7 Monate 15 Tage

Die jüngsten Torschützen der Nationalmannschaft seit 1950

	Spieler	Datum	Gegner	Ergebnis	Alter
1.	Jamal Musiala	11.10.2021	Nordmazedonien	4:0	18 Jahre 227 Tage
2.	Mario Götze	10.08.2011	Brasilien	3:2	19 Jahre 68 Tage
	Klaus Stürmer	16.10.1954	Frankreich	1:3	19 Jahre 68 Tage
4.	Marko Marin	20.08.2008	Belgien	2:0	19 Jahre 160 Tage
5.	Lukas Podolski	21.12.2004	Thailand	5:1	19 Jahre 200 Tage

7 Heinz Flohe

Heinz Flohe
(1948–2013)
Wichtigster Verein:
1. FC Köln 1966–1979
Nationalmannschaft:
1970–1978, 39 Spiele, 8 Tore
Größte Erfolge:
Weltmeister 1974, Deutscher Meister 1978,
Deutscher Pokalsieger 1968, 1977, 1978

Der kölsche Garrincha: Keinen Punkt, aber zehn Tore lag der 1. FC Köln vor dem letzten Spieltag der Saison 1977/78 vor dem rheinischen Rivalen Borussia Mönchengladbach. Die Fohlen gewannen in einem »außergewöhnlichen« Spiel 12:0 gegen Borussia Dortmund, doch Heinz Flohe machte gegen St. Pauli seine Saisontore 13 und 14, die Geißböcke siegten mit 5:0 und wurden Meister. »Flocke« war ein sensationeller Dribbler, Trickser und Techniker, hatte aber immer im Schatten eines anderen gestanden – doch im Jahr eins nach Wolfgang Overath holten Flohe und Co. die erste Meisterschaft seit 1964 und das einzige Double für den FC.

Legende
Bernd Nickel

Doktor Hammer: Bernd Nickel ist der torgefährlichste Mittelfeldspieler der Bundesligageschichte. Seine Spezialität: ebenso harte wie platzierte Distanzschüsse sowie ruhende Bälle aller Art. Im Frankfurter Waldstadion, für anderthalb Jahrzehnte sein Wohnzimmer, verwandelte er vier Ecken direkt – und traf von jeder Eckfahne je einmal. Der berühmteste der vier Kunststöße: 1975 mit dem Außenrist, als die Eintracht Bayern München mit 6:0 aus dem Stadion fegte.

Spielmacher in Schwarz-Weiß
Max Morlock

Held von Bern und Superheld von Nürnberg: 3:8 hatte die deutsche Elf in der Vorrunde gegen Ungarn verloren, und im Endspiel stand es nach acht Minuten schon wieder 0:2, als Max Morlock (r.) zwei Minuten später mit einem langen Schritt den Anschlusstreffer markiert – sein sechster Treffer im fünften Spiel. Ein noch größerer Held war der torgefährliche Denker und Lenker freilich in Nürnberg, wo er in einem knappen Vierteljahrhundert zwischen 1940 und 1964 in fast 500 Ligaspielen rund 300 Tore für den Club erzielte.

Spielmacher in Schwarz-Weiß
Fritz Walter

Der Zauberer von Bern: Während der geniale ungarische Spielgestalter Ferenc Puskás im Endspiel der Weltmeisterschaft 1954 in Bern blass blieb, möglicherweise weil ihm Horst Eckel (l.) die Luft zum Atmen nahm, machte der 33-jährige Fritz Walter (M.) aus der Pfalz das vielleicht beste Spiel seines Lebens. Von der Jugend bis zum Karriereende spielte die Legende des 1. FC Kaiserslautern mehr als drei Jahrzehnte auf dem »Betze«, der heute Fritz-Walter-Stadion heißt.

Thomas Häßler
(*1966)

Wichtigste Vereine:
1. FC Köln 1984–1990, AS Rom 1991–1994, Karlsruher SC 1994–1998, TSV 1860 München 1999–2003

Nationalmannschaft:
1988–2000, 101 Spiele, 11 Tore

Größte Erfolge:
Weltmeister 1990, Europameister 1996

6 Thomas Häßler

Icke macht Deutschland zum Weltmeister: Nach durchwachsenen Leistungen in der Qualifikation brauchte die deutsche Elf im letzten Spiel gegen Wales einen Sieg, um sich für die Weltmeisterschaft 1990 zu qualifizieren. Noch zeigt die Tafel im Müngersdorfer Stadion zu Köln 1:1 an, doch Thomas Häßler (r.) jubelt schon. Pierre Littbarski hatte von links geflankt, Icke stand am langen Pfosten goldrichtig, machte kein langes Federlesen, sondern nahm den Ball direkt – der Rest ist Fußballgeschichte: Die deutsche Elf gewann 2:1, fuhr als einer der besten Gruppenzweiten nach Bella Italia und wurde Weltmeister.

Deutsches Dynamit: Als der Weltmeister sich anschickte, 1992 auch Europameister zu werden, war Icke Häßler in bestechender Form und zeigte sich hochexplosiv. Schon im Auftaktspiel hatte er das Ruder herumgerissen und die deutsche Elf in letzter Sekunde vor der Niederlage gerettet, doch sein Meisterstück lieferte er im Halbfinale gegen Gastgeber Schweden: Das 1:0 zirkelte er selbst in die Maschen, leitete das 2:0 mit einem gefühlvollen Steilpass ein und war über die volle Partie ein steter Brandherd und Unruhestifter. 1992 wurde Icke Deutschlands Fußballer des Jahres, Europameister vier Jahre später.

5 Mesut Özil

Mesut Özil
(*1988)

Wichtigste Vereine:
Werder Bremen 2008–2010, Real Madrid 2010–2013, FC Arsenal 2013–2021

Nationalmannschaft:
2009–2018, 92 Spiele, 23 Tore

Größte Erfolge:
Weltmeister 2014, Deutscher Pokalsieger 2009, Spanischer Meister 2012, Spanischer Pokalsieger 2011, Englischer Pokalsieger 2014, 2015, 2017, 2020

The Wizard of Öz: Mesut Özil (M.) verpasste bei den Weltmeisterschaften 2010 und 2014 kein einziges Spiel, zeigte seine vielleicht besten Leistungen jedoch bei der Europameisterschaft 2012. Beim 4:2 im Viertelfinale gegen Griechenland tanzte er über Kyriakos Papadopoulos hinweg, bereitete das 1:0 durch Philipp Lahm und das 3:1 durch Miroslav Klose vor, doch auf einen großen Titel im deutschen Dress musste der Filigrantechniker noch zwei Jahre warten.

Megasturm über Spanien: Mesut Özil (l.) und Cristiano Ronaldo (r.) kamen aus dem Jubeln gar nicht mehr heraus. In der Saison 2011/12 zerstob Real Madrid alle Rekorde: Die Galaktischen gewannen die spanische Liga mit sage und schreibe 121 Toren und 100 Punkten. Ronaldo traf 46-mal, während Wirbelwind Özil zwar »nur« viermal traf, aber das königliche Ballett grandios dirigierte und 19 Treffer vorlegte.

Kronprinz
Florian Neuhaus

Feines Kombinationsspiel, hohe Spielintelligenz, edelste Technik – Florian Neuhaus bringt alles mit, was einen offensiven Mittelfeldspieler mit Spielmacherambitionen ausmacht. Er versteht es, das Spiel mit präzisen Pässen zu lenken und die Stürmer in Szene zu setzen, ist aber durchaus auch selbst torgefährlich. In seinem ersten Länderspiel – im Oktober 2020 gegen die Türkei – gelang ihm nach einer herrlichen Kombination mit Luca Waldschmidt und Kai Havertz gleich sein erster Treffer in Schwarz und Weiß.

Talent
Paul Wanner

Gladbachs Luca Netz (r.) greift ins Leere, denn Paul Wanner (l.) ist längst vorbei und macht sich auf und davon. Als dem FC Bayern zum Auftakt der Rückrunde der Spielzeit 2021/22 die Stammkräfte ausgingen, machte Julian Nagelsmann aus der Not eine Tugend und verhalf dem Deutsch-Österreicher zu seinen ersten 15 Bundesligaminuten – gerade einmal zwei Wochen nach seinem 16. Geburtstag. Nach der Partie war der Meistertrainer voll des Lobes und bestätigte Wanner »unfassbares Talent«, das der Bubi sicherlich lieber früher denn später unter Beweis stellen möchte.

4 Felix Magath

Felix Magath (*1953)

Wichtigste Vereine:
Hamburger SV 1976–1986

Nationalmannschaft:
1977–1986, 43 Spiele, 3 Tore

Größte Erfolge:
Europameister 1980, Deutscher Meister 1979, 1982, 1983, Europapokalsieger der Landesmeister 1983, Europapokalsieger der Pokalsieger 1977

Der Edeltechniker mit der linken Klebe: Felix Magath saß im EM-Endspiel 1980 auf der harten Ersatzbank, im WM-Finale 1982 auch – und musste im WM-Endspiel 1986 beim Stand von 0:2 ebenfalls auf ihr Platz nehmen. Zur Legende wurde der fußballerische Feingeist nicht in Schwarz-Weiß, sondern beim HSV: Unter seiner Regie wurden die Hanseaten zwischen 1979 und 1984 dreimal Meister und dreimal Vizemeister – eine einmalige Erfolgsära, die zügig endete, als der Spielmacher 1986 die Stiefel an den Nagel hängte.

Aus dem Nichts: Als der HSV 1977 den Europapokal der Pokalsieger gewann – den ersten großen internationalen Titel überhaupt –, hatte Felix Magath mit dem 2:0 gegen den RSC Anderlecht alles klargemacht. 1980 verloren Magath und Co. das Endspiel der Landesmeister gegen Nottingham Forest, 1982 das UEFA-Pokal-Finale gegen IFK Göteborg. 1983 standen sie erneut im Endspiel der Landesmeister – gegen die hochfavorisierte Elf von Juventus Turin um Michel Platini, Zbigniew Boniek und Paolo Rossi. Kaum hatte das Duell David gegen Goliath begonnen, als Magath auf Halblinks das Leder nach vorne trieb, aus dem Nichts abzog und blitzsauber in den rechten Winkel traf – der goldene Treffer des Abends und der größte Erfolg des HSV.

3 Bernd Schuster

Bernd Schuster (*1959)

Wichtigste Vereine:
1. FC Köln 1978–1980, FC Barcelona 1980–1988, Real Madrid 1988–1990, Atlético Madrid 1990–1993, Bayer 04 Leverkusen 1993–1996

Nationalmannschaft:
1979–1984, 21 Spiele, 4 Tore

Größte Erfolge:
Europameister 1980, Spanischer Meister 1985, 1989, 1990, Spanischer Pokalsieger 1981, 1983, 1988, 1989, 1991, 1992, Europapokalsieger der Pokalsieger 1982

Der blonde Engel … konnte ein echtes Biest sein, legte sich notorisch mit seinen Trainern und Mitspielern, den Funktionären, Fans und Medien an. Nach seinem Wechsel vom 1. FC Köln zum FC Barcelona wollte er gleich wieder weg und blieb doch acht Jahre. Als erster Spieler kickte der »König von Spanien« für alle drei großen spanischen Vereine, als einziger Kicker holte er mit allen dreien den spanischen Pokal, den nur Lionel Messi, Gerard Piqué und Sergio Busquets häufiger gewinnen konnten.

Legende mit nur zwei EM-Spielen: Die WM 1982 verpasste der blonde Bengel, weil er sich mit Bundestrainer Jupp Derwall und Paul Breitner verkracht hatte, die EM 1984 verpasste er verletzt, zur WM 1986 wollte ihn Franz Beckenbauer zurückholen, was aber an seinen unverschämten Forderungen scheiterte. So blieb die EM 1980 sein einziger großer Auftritt in Schwarz-Weiß – und selbst da ließ ihn Derwall in zwei von vier Spielen auf der Bank schmoren. Gegen die Niederlande (Foto) wurde er binnen 90 Minuten zum Weltstar, der mit wehenden Haaren über die grätschenden Holländer hinwegtanzte, und im Finale gegen Belgien dirigierte er die deutsche Elf glanzvoll zum Titel.

2 Günter Netzer

Die Keimzelle der Fohlenelf: 1963 unterschrieb Günter Netzer (r.) einen Profivertrag beim Regionalligisten Mönchengladbach und Hennes Weisweiler (2. v. r.) übernahm das Traineramt. 1964 stießen die Nachwuchsstürmer Jupp Heynckes (l.) und Bernd Rupp (2. v. l.) dazu. Mit Netzer als klassischem Spielmacher stieg die blutjunge Elf sofort auf, elektrisierte die Bundesliga, gewann 1970 ihre erste Meisterschaft und verteidigte 1971 den Titel.

Das große Jahr 1972: Sowohl Günter Netzer (l.) als auch Gerd Müller (M.) trafen, als die deutsche Elf England im Viertelfinale der Europameisterschaft 1972 mit brillanten Spielzügen und 3:1 Toren aus dem Rennen warf (Foto) und auch im Halbfinale von Belgien und im Endspiel von der UdSSR nicht aufzuhalten war. Im November setzte der Fußballer des Jahres 1972 mit dem Tor des Jahres in der Partie gegen die Schweiz noch einen drauf, als er nach einem Doppelpass mit und Hackentrick von Gerd Müller (r.) elegant einnetzerte.

»Ich spiel dann jetzt«: Im vielleicht legendärsten Pokalfinale, das sein letztes Spiel für Borussia Mönchengladbach hatte werden sollen, fand sich Günter Netzer auf der harten Ersatzbank wieder. Als die Partie gegen die rheinischen Rivalen vom 1. FC Köln in die Verlängerung ging, teilte Netzer Trainer Hennes Weisweiler mit, nun ins Spiel zu gehen, und schoss drei Minuten später den Siegtreffer zum 2:1. Nach seinem völlig einzigartigen Husarenstreich beendete Netzer das Jahr 1973 wie das vorhergegangene: als Schütze des Tores des Jahres und Deutschlands Fußballer des Jahres.

Günter Netzer
(*1944)

Wichtigste Vereine:
Borussia Mönchengladbach 1963–1973, Real Madrid 1973–1976

Nationalmannschaft:
1965–1975, 37 Spiele, 6 Tore

Größte Erfolge:
Weltmeister 1974, Europameister 1972, Deutscher Meister 1970, 1971, Deutscher Pokalsieger 1973, Spanischer Meister 1975, 1976, Spanischer Pokalsieger 1974, 1975

Zwei Frisuren für ein Halleluja: Die beiden buntesten Hunde des deutschen Fußballs der 1970er-Jahre hatten in der Nationalmannschaft ein blindes Verständnis entwickelt und konnten auch sonst gut miteinander. Von 1974 bis 1976 lebten sie in Madrid zeitweise in einer Wohngemeinschaft, traten zwei Spielzeiten lang gemeinsam für die Königlichen an und wurden zweimal in Folge mit deutlichem Vorsprung Spanischer Meister.

1 Wolfgang Overath

Sternkreis: Geißbock. Ein Fußballerleben lang trug Wolfgang Overath den Kölner Dom und das kölsche Wappentier an der Brust. Am ersten Spieltag der neu gegründeten Bundesliga machte er sein erstes Spiel und Tor für den FC, der mit deutlichem Vorsprung Meister wurde. Im Jahr darauf trafen die Kölner im Pokal der Landesmeister auf den FC Liverpool: Nach Hin- und Rückspiel war immer noch kein Tor gefallen, und es kam zum Entscheidungsspiel in Rotterdam, mit einem Wadenbeinbruch, einem Faustkampf, einem aberkannten Tor – und immer noch keiner Entscheidung nach geschlagenen 300 Minuten. Das Los musste entscheiden, die Münze blieb beim ersten Mal senkrecht stecken und entschied beim zweiten Mal für die glücklichen Engländer.

Wolfgang Overath (*1943)

Wichtigster Verein:
1. FC Köln 1963–1977

Nationalmannschaft:
1963–1974, 81 Spiele, 17 Tore

Größte Erfolge:
Weltmeister 1974, Deutscher Meister 1964, Deutscher Pokalsieger 1968, 1977

Talent Sidney Raebiger

Vielversprechender Jungbulle: Bei RB Leipzig, wo mit viel Geld am großen Rad gedreht wird, hat es der eigene Nachwuchs mitunter schwer. Das bekam auch Eigengewächs Sidney Raebiger zu spüren, der bereits mit zehn Jahren in der Jugend der Leipziger kickte. Zwar wurde er, gerade einmal 16 Jahre alt, im Pokal als jüngster RB-Debütant überhaupt ins kalte Wasser geworfen und schnupperte gegen den 1. FSV Mainz 05 auch drei erste Minuten Bundesligaluft. Doch 2022 wechselte der Youngster zur SpVgg Greuther Fürth – um regelmäßig zu spielen.

Die Revanche für Wembley: Nach dem unglücklich verlorenen Endspiel von 1966 traf die deutsche Elf 1970 erneut auf die englischen Three Lions (Foto). Wieder wurde es ein Spektakel mit großer Dramatik: Nach einer Stunde führten die Engländer 2:0, Deutschland kam zurück, erzwang die Verlängerung und hatte diesmal das bessere Ende für sich. Im Halbfinale folgte das »Jahrhundertspiel« gegen Italien, und das Spiel um Platz drei entschied ein Treffer von Wolfgang Overath – der beste Spielmacher der spielerisch besten Weltmeisterschaft, wie die Endrunde 1970 oft bezeichnet wird.

»Guck mal, Günter, ich bin so viel besser als du, deswegen spiele ich und du hast den Trainingsanzug an.« Wie dem auch sei: Overath gehörten die Weltmeisterschaften 1966, 1970 und 1974, Netzer nur die Europameisterschaft 1972, als der Kölner verletzt passen musste. Die Rivalität der beiden Spielmacher prägte die große deutsche Ära vom Ende der 1960er-Jahre bis zur Weltmeisterschaft 1974. Overath ist einer von nur fünf Spielern – neben Franz Beckenbauer, Jürgen Grabowski, Horst-Dieter Höttges und Sepp Maier –, die in diesem goldenen Zeitalter des deutschen Fußballs WM-Dritter, Vizeweltmeister und Weltmeister wurden.

Umzingelt von Funktionären und Politikern, halten Gerd Müller und Wolfgang Overath den nigelnagelneuen WM-Pokal gut fest – man weiß ja nie. Der Kölner Spielmacher hatte zu den herausragenden Akteuren der Weltmeisterschaften 1966 und 1970 gehört – und war 1974 zum dritten Mal in Folge einer der Spieler des Turniers, als die goldene Generation des deutschen Fußballs nach dem Triumph bei der Europameisterschaft 1972 auch auf weltmeisterschaftlichem Grün die Ernte einfuhr.

Außenstürmer

Linker Flügel, rechter Flügel – ohne kann keine Mannschaft fliegen. Viele Außenstürmer zischen blitzschnell die Linie lang, sind wahre Dribbelkünstler und bereiten als Flankengötter Tor um Tor vor. Andere verfügen über Spielmacherqualitäten und ziehen das Spiel über die Außen auf. Wieder andere ziehen gerne vom Flügel in die Mitte, ballern von rechts mit links oder von links mit rechts und schießen Tor um Tor. Und die besten? – Vereinen alle Qualitäten, die Außenstürmer auszeichnen können, und machen Fußball zu dem atemberaubenden Spiel, für das die Fans in die Stadien strömen.

Top 14 der deutschen Außenstürmer

	Spieler	Stammverein	Profijahre
1.	Lukas Podolski	1. FC Köln	2003–
2.	Jupp Heynckes	Borussia Mönchengladbach	1963–1978
3.	Kalle Rummenigge	FC Bayern München	1974–1989
4.	Serge Gnabry	FC Bayern München	2012–
5.	Stan Libuda	FC Schalke 04	1961–1976
6.	Marco Reus	Borussia Dortmund	2007–
7.	Uli Hoeneß	FC Bayern München	1970–1979
8.	Bernd Schneider	Bayer 04 Leverkusen	1991–2009
9.	Lothar Emmerich	Borussia Dortmund	1960–1978
10.	Rüdiger Abramczik	FC Schalke 04	1973–1988
11.	Jürgen Grabowski	Eintracht Frankfurt	1965–1980
12.	Leroy Sané	FC Bayern München	2014–
13.	André Schürrle	1. FSV Mainz 05	2009–2020
14.	Marco Bode	Werder Bremen	1989–2002

14 Marco Bode

Marco Bode
(*1969)
Wichtigster Verein:
Werder Bremen 1989–2002
Nationalmannschaft:
1995–2002, 40 Spiele, 9 Tore
Größte Erfolge:
Europameister 1996, Deutscher Meister 1993, Deutscher Pokalsieger 1991, 1994, 1999, Europapokalsieger der Pokalsieger 1992

Steil in Unterzahl: Die deutsche Elf brauchte im letzten Vorrundenspiel der Weltmeisterschaft 2002 gegen Kameruns unzähmbare Löwen unbedingt etwas Zählbares, doch kurz vor der Pause mussten die Männer in Schwarz und Weiß nach einer Roten Karte zu zehnt weiterspielen. Nach der Pause kam Marco Bode (r.) ins Spiel, sprintete kurz darauf von ganz hinten nach ganz vorne, wurde von Miro Klose (l.) glänzend steil angespielt und schloss eiskalt ab. Deutschland kam weiter und ins Endspiel, wo Bernd Schneider Marco Bode nach einer halben Stunde steil auf dem linken Flügel anspielte, doch in seinem letzten Spiel blieb dem ewigen Bremer das ganz große Ding verwehrt.

13 André Schürrle

Ein weltmeisterlicher Joker: Rechtzeitig zur Weltmeisterschaft 2014 war André Schürrle in der Form seines Lebens. Sechsmal kam er von der Bank – und lieferte. Im unglaublichen Halbfinale gegen Brasilien machte er das halbe Dutzend voll und setzte mit dem siebten Tor den Schlussakkord. Im Endspiel gab er die fantastische Vorlage, nach der Deutschland den Titel gewann. Noch wichtiger und schöner war aber vielleicht sein Traumtor mit der Hacke in der Verlängerung gegen Algerien, als die Wüstenfüchse die deutsche Elf mit unermüdlichem Kampfgeist am Rande der Niederlage hatten.

André Schürrle (*1990)

Wichtigste Vereine:
1. FSV Mainz 05 2009–2011, Bayer 04 Leverkusen 2011–2013, FC Chelsea 2013–2015, VfL Wolfsburg 2015–2016, Borussia Dortmund 2016–2018

Nationalmannschaft:
2010–2017, 57 Spiele, 22 Tore

Größte Erfolge:
Weltmeister 2014, Deutscher Pokalsieger 2015, 2017, Englischer Meister 2015

12 Leroy Sané

Leroy Sané (*1996)

Wichtigste Vereine:
FC Schalke 04 2014–2016, Manchester City 2016–2020, FC Bayern München 2020–

Nationalmannschaft:
2015–, 45 Spiele, 11 Tore

Größte Erfolge:
Deutscher Meister 2021, 2022, Englischer Meister 2018, 2019, Englischer Pokalsieger 2019

Galaktischer Schlenzer: 0:2 hatte Schalke 04 das Hinspiel des Champions-League-Achtelfinals 2014/15 gegen Real Madrid verloren und stand in Madrid vor einer Herkulesaufgabe. 1:0 und 2:1 führten die Knappen zwischenzeitlich, die Sensation lag in der Luft, doch kurz nach der Pause führte Real nach einem Doppelschlag wieder. Der eingewechselte Shootingstar Leroy Sané fackelte bei seinem ersten Auftritt in der Königsklasse nicht lange und schlenzte das Leder aus halbrechter Position mit links herrlich ins lange Eck – Klaas-Jan Huntelaar gelang im Anschluss das 4:3, doch die königsblaue Sensation blieb aus.

11 Jürgen Grabowski

Jürgen Grabowski (1944–2022)

Wichtigster Verein:
Eintracht Frankfurt 1965–1980

Nationalmannschaft:
1966–1974, 44 Spiele, 5 Tore

Größte Erfolge:
Weltmeister 1974, Europameister 1972, Deutscher Pokalsieger 1974, 1975, UEFA-Pokal-Sieger 1980

Der Joker: Jürgen Grabowski (M.), Welt- und Europameister, kam bei der Weltmeisterschaft 1970 viermal von der Bank und zündete den Turbo, insbesondere im Viertelfinale gegen England, als er beim Stand von 0:2 gegen England ins Spiel kam und die deutsche Elf noch 3:2 gewann. 1974 wurde er an seinem 26. Geburtstag Weltmeister. Die Eintracht-Legende spielte in seiner langen Karriere kein einziges Heimspiel außerhalb von Frankfurt.

Talente
Jan Thielmann und Paul Nebel

Junge Flügel: Die Außenbahnen der Bundesligisten, ob links oder rechts, sind mit zahllosen internationalen Stars gespickt, und der deutsche Nachwuchs muss sich strecken, um in jungen Jahren nicht auf der Bank zu sitzen, sondern auf dem Rasen zu kicken. Zu den heißesten Eisen gehören aktuell Jan Thielmann (l.) vom 1. FC Köln und Paul Nebel (r.) vom 1. FSV Mainz 05 (beide *2002). Thielmann war der erste Spieler des Jahrgangs 2002, der ein Bundesligaspiel machte, während Nebel in der Auftaktpartie der Saison 2021/22 mit 17 Jahren und 346 Tagen der jüngste Mainzer Bundesligaspieler überhaupt wurde.

Außer Konkurrenz
Willi Lippens

Die Ente: Willi Lippens war das Paradebeispiel für Max Merkels Fußballweisheit »Torhüter und Linksaußen haben eine Macke!«. Der Rekordspieler und -torjäger von Rot-Weiss Essen war nicht immer ganz austrainiert, hatte aber so viele eigenwillige Finten, Tricks und Dribblings auf Lager wie kein anderer Spieler der Bundesligageschichte. Der Sohn einer Deutschen und eines Holländers, der von den Nazis misshandelt worden war, entschied sich auf väterlichen Druck für Oranje, machte 1971 ein Spiel und ein Tor für die »Nederlands Elftal«, wurde aber von den Mitspielern als »Deutscher« geschnitten, kam nie wieder zum Einsatz und sagte später: »Mit mir wäre 1974 Holland und damit nur ein Deutscher Weltmeister geworden!«

Legende
Gerald Asamoah

Meister des Herzens: Wegen einer Herzerkrankung musste am Spielfeldrand stets ein Defibrillator für die Schalker Vereinslegende bereitliegen. Meister der Herzen: Am letzten Spieltag der Saison 2000/01 traf Gerald Asamoah zum zwischenzeitlichen 2:2, als Schalke 04 gegen die SpVgg Unterhaching 5:3 gewann und schon die erste Meisterschaft seit 1958 feierte – doch Bayern München schoss in den letzten Sekunden der Nachspielzeit gegen den HSV doch noch den Ausgleich und der Titeltraum zerplatzte.

10 Rüdiger Abramczik

Straßenfußballer, Vorlagengeber, Flankengott: Kaum jemand konnte Mittelstürmer besser bedienen als Rüdiger Abramczik, der in Blau-Weiß prächtig mit Klaus Fischer und in Schwarz-Gelb mit Manni Burgsmüller harmonierte. Der Rechtsaußen war nie so nah dran an einem großen Titel wie in der Bundesligasaison 1976/77, als die Knappen die Bayern mit 7:0 verkloppten – »Abi« steuerte vier Vorlagen und ein Tor bei – und Vizemeister wurden.

Rüdiger Abramczik
(*1956)
Wichtigste Vereine:
FC Schalke 04 1973–1980, 1987–1988,
Borussia Dortmund 1980–1983
Nationalmannschaft:
1977–1979, 19 Spiele, 2 Tore

9 Lothar Emmerich

Lothar Emmerich (1941–2003)
Wichtigster Verein: Borussia Dortmund 1960–1969
Nationalmannschaft: 1955, 5 Spiele, 2 Tore
Größte Erfolge: Deutscher Meister 1963, Deutscher Pokalsieger 1965, Europapokalsieger der Pokalsieger 1966, Belgischer Pokalsieger 1971

Emma mit der linken Klebe: 1966 war eindeutig das Jahr von Lothar Emmerich (r.). Im Pokal der Pokalsieger gelangen dem Dortmunder 14 Tore – so viele wie keinem anderen Spieler in einer Saison –, als der BVB als erster deutscher Verein überhaupt einen Europapokal gewann. In der Bundesliga holte »Emma« mit 31 Treffern die Torjägerkanone. Der Schlüssel des Erfolgs: das glänzende Zusammenspiel mit Siggi Held (l.). Bundestrainer Helmut Schön nahm beide mit nach England, Emma traf mit der linken Klebe gegen Spanien und wurde Vizeweltmeister.

Stürmer mit der besten Trefferquote der Bundesliga

	Stürmer	Tore	Spiele	Tore pro Spiel	Wichtigster Verein
1.	Gerd Müller	365	427	0,85	FC Bayern München
2.	Robert Lewandowski	312	383	0,81	FC Bayern München
3.	Lothar Emmerich	115	183	0,63	Borussia Dortmund
4.	Horst Hrubesch	136	224	0,61	Hamburger SV
5.	Jupp Heynckes	220	369	0,60	Borussia Mönchengladbach

8 Bernd Schneider

Außer Spesen Schnix gewesen: Im Sommer 2002 wurde es eng für Bernd Schneider (r.). Auf der Ziellinie verpasste Edeltechniker »Schnix« mit Bayer 04 »Vizekusen« die Meisterschaft, verlor das Pokalendspiel gegen Schalke 04 und das Finale der Königsklasse gegen die Galaktischen aus Madrid um Zinédine Zidane (l.). Und als wäre das noch nicht genug gewesen, musste der »weiße Brasilianer« sich auch im Endspiel der Weltmeisterschaft 2002 gegen die brasilianische Seleção mit Silber begnügen.

Bernd Schneider (*1973)
Wichtigste Vereine: FC Carl Zeiss Jena 1991–1998, Bayer 04 Leverkusen 1999–2009
Nationalmannschaft: 1999–2008, 81 Spiele, 4 Tore

7 Uli Hoeneß

Uli Hoeneß
(*1952)

Wichtigste Vereine:
FC Bayern München 1970–1979

Nationalmannschaft:
1972–1976, 35 Spiele, 5 Tore

Größte Erfolge:
Weltmeister 1974, Europameister 1972, Deutscher Meister 1972, 1973, 1974, Deutscher Pokalsieger 1971, Europapokalsieger der Landesmeister 1974, 1975, 1976

Gute Freunde kann niemand trennen: Auf dem Weg zum WM-Titel 1974 herzen sich Gerd Müller (l.) und Uli Hoeneß (r.) – der Nachwuchsstar hatte mit seiner zweiten Vorlage in der Partie gegen Australien den Bomber vor dem 3:0 in Szene gesetzt. Knapp drei Wochen später hatte der gerade einmal 22-Jährige alles, aber auch wirklich alles gewonnen, was man im Fußball gewinnen kann. Mit 27 Jahren musste Hoeneß seine Karriere beenden, wusste aber etwas mit seiner Zeit anzufangen, beispielsweise, den Bomber nicht aus den Augen zu verlieren.

Außer Konkurrenz
Erwin Kremers

Kurze Karriere in Schwarz-Weiß: Erwin Kremers war mit seinen Tempodribblings die Entdeckung der EM 1972 und wurde in seinem dritten Länderspiel Europameister. Bis zum letzten Testspiel für die WM 1974 gehörte der Linksaußen zum Stamm der Nationalelf, aber die völlig unerhebliche Partie gegen den 1. FC Kaiserslautern am letzten Spieltag der Bundesliga wurde ihm zum Verhängnis. 0:4 lag Schalke 04 wenige Minuten vor Abpfiff zurück, Erwin Kremers war erbost und hieß Schiedsrichter Max Klauser eine »blöde Sau«. Der wollte Gnade vor Recht ergehen lassen und stellte sich taub, doch Kremers legte nach: »Noch einmal für Doofe: Sie sind eine blöde Sau!« – nicht nur das Ende der Saison, sondern auch der Nationalmannschaftskarriere des Schalkers, der 1974 nicht Weltmeister wurde.

Außenstürmer in Schwarz-Weiß
Helmut Rahn

Der Boss: Der Schütze des berühmtesten Tors der deutschen Fußballgeschichte war nicht nur ein echter Anführer, sondern auch ein nicht ausrechenbarer Instinktfußballer. Er machte, was er wollte, nicht nur auf dem Platz, sondern auch daneben, und das war mitunter so daneben, dass er nicht nur Disziplinarstrafen sammelte, sondern sogar für vier Wochen in den Bau musste. In seiner Stammkneipe in Essen hat er später immer wieder sein Tor zum Besten gegeben: »Ich zieh die Kirsche schnell von 'n Rechten auf 'n Linken und hab dat janze Jelände vor mir. Keine zwanzig Meter von 'n Tor weg, und der Grosics steht akkurat so, dat in seine Ecke Platz is. Ich zieh ab mit den Linken, und et jibt so 'n richtig jefährlichen Aufsetzer. Und wat dann passiert is, dat wisst ihr ja.«

6 Marco Reus

Um Haaresbreite: 2013 hatte der BVB Real Madrid im Halbfinale der Champions League geschlagen und war erst im Endspiel gegen Bayern München gescheitert. 2014 kam es wieder zum Duell mit den Königlichen, die in Madrid ein 3:0 vorlegten. Im Westfalenstadion machte Marco Reus das 1:0, das 2:0 – trotz eines großen Spiels und vieler Chancen aber nicht das 3:0. Um Haaresbreite verpasste Reus eine ganze Reihe nationaler und internationaler Titel. Und um Haaresbreite auch fast alle Welt- und Europameisterschaften seit 2012 – immer wieder verletzte er sich pünktlich kurz vor Turnierbeginn.

Marco Reus (*1989)
Wichtigste Vereine: Borussia Mönchengladbach 2009–2012, Borussia Dortmund 2012–
Nationalmannschaft: 2011–, 48 Spiele, 15 Tore
Größte Erfolge: Deutscher Pokalsieger 2017, 2021

Stan Libuda (1943–1996)
Wichtigste Vereine: FC Schalke 04 1961–1965, 1968–1972, 1973–1976, Borussia Dortmund 1965–1968
Nationalmannschaft: 1963–1971, 26 Spiele, 3 Tore
Größte Erfolge: Deutscher Pokalsieger 1972, Europapokal der Pokalsieger 1966

5 Stan Libuda

Stan: Im Qualifikationsspiel für die WM 1970 Ende 1969 gegen Schottland, einer spektakulären Fußballschlacht in Hamburg, setzte Helmut Haller Reinhard Libuda mit einem Steilpass auf Höhe der Mittellinie in Szene, der den Konter blitzschnell zum 3:2-Endstand abschloss. Ein Reporter verglich ihn daraufhin mit der englischen Legende Stanley Matthews – und seither kannte ganz Fußballdeutschland den Tempodribbler nur noch als »Stan«. Bei der Endrunde 1970 erwischte der rechte Flügel gegen Bulgarien eine Sternstunde, schoss das erste Tor und bereitete drei beim 5:2-Schützenfest vor.

»An Gott kommt keiner vorbei«, lautete in den 1960er-Jahren der Werbespruch für eine religiöse Veranstaltung – »außer Libuda«, ergänzte ein Fußballfan, und dieser Spruch wurde in der Folge legendär. In der Saison 1971/72 verlor Schalke 04 mit der starken Sturmreihe Erwin Kremers (kniend), Dribbelkünstler Stan Libuda und Klaus Fischer (v. l. n. r., rechts daneben Torwart Norbert Nigbur) die Meisterschaft erst am letzten Spieltag im direkten Duell gegen Bayern München, gewann aber wenige Tage später den Pokal mit 5:0 gegen den 1. FC Kaiserslautern.

4 Serge Gnabry

Serge Gnabry (*1995)
Wichtigste Vereine: FC Bayern München 2017–
Nationalmannschaft: 2016–, 34 Spiele, 20 Tore
Größte Erfolge: Deutscher Meister 2019, 2020, 2021, 2022, Deutscher Pokalsieger 2019, 2020, Champions-League-Sieger 2020, Englischer Pokalsieger 2014, 2015

Im Rausch: Mit elf Siegen in elf Spielen und 43:8 Toren gewann der FC Bayern die Champions League 2019/20. Sieben auf einen Streich setzte es für Tottenham Hotspur, als Serge Gnabry Lust auf mehr hatte und dem 3:1, 4:1 und 5:2 das 7:2 folgen ließ. Nach dem historischen 8:2 gegen Barça gewannen Gnabry und Co. das zweite Triple für Bayern, außerdem den DFL-Supercup, den UEFA-Super-Cup und die FIFA-Klub-Weltmeisterschaft – mehr geht nicht.

Deutsche Spieler mit den meisten Toren in einem Spiel der Königsklasse

	Spieler	Partie	Ergebnis	Datum	Tore
1.	Gerd Müller	FC Bayern München – Omonia Nikosia	9:0	24.10.1972	5
2.	Serge Gnabry	Tottenham Hotspur – FC Bayern München	2:7	01.10.2019	4
	Mario Gómez	FC Bayern München – FC Basel	7:0	13.03.2012	4
	Jupp Heynckes	Wacker Innsbruck – Borussia Mönchengladbach	1:6	01.10.1975	4
	Timo Konietzka	1860 München – Omonia Nikosia	8:0	20.09.1966	4
	Heinz Strehl	Drumcondra FC – 1. FC Nürnberg	1:4	13.09.1961	4

Tor des Monats, Solo des Jahres: Zum Auftakt der Qualifikation für die Europameisterschaft 2020 kam es zum packenden Klassiker gegen die Niederlande, der alles hielt, was man sich von ihm versprechen konnte. Nach einer guten halben Stunde ging Serge Gnabry (r.) über den linken Flügel auf und davon, zog in die Mitte, ließ Virgil van Dijk (l.) und die gesamte Abwehr in Orange ganz alt aussehen und schlenzte das Leder traumhaft ins rechte obere Eck – das 2:0 beim 3:2-Sieg.

3 Kalle Rummenigge

Karl-Heinz Rummenigge (*1955)

Wichtigster Verein:
FC Bayern München 1974–1984, Inter Mailand 1984–1987

Nationalmannschaft:
1976–1986, 95 Spiele, 45 Tore

Größte Erfolge:
Europameister 1980, Deutscher Meister 1980, 1981, Deutscher Pokalsieger 1982, 1984, Europapokalsieger der Landesmeister 1975, 1976

»Mon dieu, Rümmenisch!«, soll Frankreichs Staatspräsident François Mitterrand während des Halbfinales der Weltmeisterschaft 1982 ausgerufen haben, als Kalle Rummenigge, der eigentlich an einer Muskelverletzung laborierte, eingewechselt wurde – und prompt den Anschlusstreffer schoss. Vor seiner Verletzung hatte sich der Stürmer in Weltklasseform gezeigt: In der Vorrunde hatte er Chile mit einem Dreierpack zu Boden gestreckt – insbesondere sein dritter Treffer mit dem Außenrist konnte allen Gegenspielern und dem Staatspräsidenten durchaus Angst einjagen.

Kongeniales Duo: Kalle Rummenigge verstand sich mit dem 1978 nach München zurückgekehrten Paul Breitner blind. Rummenigge traf und traf, als die Bayern 1980 den ersten Meistertitel seit 1974 gewannen und ihn 1981 verteidigten. Mit 26 und 29 Toren wurde er zweimal in Folge Torschützenkönig der Bundesliga (1981 auch in der Königsklasse), 1981 Deutschlands Fußballer des Jahres (1980: Breitner) und in beiden Jahren Europas Fußballer des Jahres – nur ein einziger deutscher Spieler wurde ebenfalls zweimal geehrt: Franz Beckenbauer.

2 Jupp Heynckes

Aller guten Dinge sind drei: Im Endspiel der Europameisterschaft 1972 gegen die Auswahl der Sowjetunion zog Jupp Heynckes Mitte der ersten Halbzeit volley aus halbrechter Position ab, Gerd Müller staubte ab – 1:0. Kurz nach der Pause steckte der Fohlen-Stürmer gefühlvoll steil zu Mit-Fohlen Hacki Wimmer durch – 2:0. Nur fünf Minuten später passte er in Spielmacherposition direkt weiter auf den mitgelaufenen Georg Schwarzenbeck, der zu Gerd Müller abtropfen ließ – 3:0.

Jupp Heynckes (*1945)

Wichtigste Vereine:
Borussia Mönchengladbach 1963–1967, 1970–1978, Hannover 96 1967–1970

Nationalmannschaft:
1967–1976, 39 Spiele, 14 Tore

Größte Erfolge:
Weltmeister 1974, Europameister 1972, Deutscher Meister 1971, 1975, 1976, 1977, Deutscher Pokalsieger 1973, UEFA-Pokal-Sieger 1975

Meister-Triple: Mit zwei Punkten Vorsprung vor Schalke 04 und Eintracht Braunschweig ging Borussia Mönchengladbach in den letzten Spieltag der Saison 1976/77 – auswärts gegen Bayern vor 77 500 Zuschauern. Die 20. Minute läuft, als Jupp Heynckes nach Vorlage von Uli Stielike die Führung für die Fohlenelf schießt. Zwar fällt mit dem Schlusspfiff der 2:2-Ausgleich für die Bayern, aber Gladbach rettet einen Punkt über die Ziellinie und wird zum dritten Mal in Folge Deutscher Meister.

1 Lukas Podolski

Eimol Prinz zo sin en Kölle am Rhing – davon träumen viele, manche werden es für eine Session, aber nur Lukas Podolski ist es sein Leben lang. Dass der FC mit Prinz Poldi dreimal abstieg – völlig nebensächlich. Oder doch nicht, denn wenn die Geißböcke mit ihrem fraglos besten Spieler des neuen Jahrtausends nicht notorisch den Klassenerhalt verpasst hätten, dem blitzschnellen Linksaußen wäre es durchaus zuzutrauen gewesen, dass er für immer in Kölle am Rhing geblieben wäre.

Lukas Podolski
(*1985)

Wichtigste Vereine:
1. FC Köln 2003–2006, 2009–2012, FC Bayern München 2006–2009, FC Arsenal 2012–2015

Nationalmannschaft:
2004–2017, 130 Spiele, 49 Tore

Größte Erfolge:
Weltmeister 2014, Deutscher Meister 2008, Deutscher Pokalsieger 2008, Englischer Pokalsieger 2014

Die Arena bebt: Zweimal leistet Miroslav Klose glänzend die Vorarbeit, zweimal ist Prinz Poldi zur Stelle, schließt eiskalt ab und bringt die Stimmung im Münchner Stadion zum Kochen – 2:0 gewinnt die deutsche Elf gegen Schweden. Das »Sommermärchen« 2006 war Lukas Podolskis Durchbruch in die Weltspitze – von der FIFA wurde der Shootingstar als bester junger Spieler des Turniers geehrt, auf den Plätzen zwei und drei: ein gewisser Lionel Messi und ein Spieler namens Cristiano Ronaldo.

Meiste Tore des Monats

	Spieler	Tore des Monats	Zeitraum
1.	Lukas Podolski	12	2004–2017
2.	Jürgen Klinsmann	7	1986–1998
3.	Mario Basler	6	1992–1999
	Klaus Fischer	6	1975–2003
	Karl-Heinz Rummenigge	6	1979–1984

Noch hat Polen nicht verloren – doch, denn im Auftaktspiel der Europameisterschaft 2008 hat der in Polen geborene Lukas Podolski zweimal eingenetzt, zweimal nach Vorlage des in Polen geborenen Miroslav Klose. Nach dem Spiel umarmt Poldi seinen Vater Waldemar, der 1987, unmittelbar nach Beendigung seiner Fußballkarriere, nach Köln auswanderte. Spross Lukas gehörte 2008 zu den überragenden Spielern der deutschen Elf und des europäischen Turniers. Den Titel verpasste er, wie schon 2006 – und wäre fast auf ewig Prinz geblieben, wenn die Krönung 2014 nicht doch noch stattgefunden hätte.

Kronprinzen
Julian Draxler und Julian Brandt

Grün ist die Hoffnung: Julian Brandt (l.) und Julian Draxler (r.) waren noch grün hinter den Ohren, aber schon umjubelte Shootingstars. Brandt war 2014 17 Jahre, 9 Monate und 13 Tage alt, als er erstmals für Bayer 04 Leverkusen in der Bundesliga auflief, Draxler 2011 sogar erst 17 Jahre, 3 Monate und 26 Tage – und damit der jüngste Schalker überhaupt in Liga eins. Längst sind sie den Kinderschuhen entwachsen und haben zusammen fast hundert Länderspiele auf dem Konto, doch die ganz großen Hoffnungen haben sich nicht erfüllt. Aber wie sagt man so schön: Noch ist nicht aller Tage Abend …

Außenstürmer in Schwarz-Weiß
Hans Schäfer

De Knoll: Als der 1. FC Köln 1948 durch Fusion zweier Vereine entstand und sich 1952 die spätere Weltmeistermannschaft im elften Länderspiel nach dem Zweiten Weltkrieg fand, war der blutjunge Linksaußen dabei – und stand noch auf dem Platz, als die Geißböcke 1964 der erste Meister der Bundesliga wurden und 1962 die Weltmeisterschaft im fernen Chile stattfand. Im Zenit stand der torgefährliche Außenstürmer freilich bei der WM 1954, als er vier Tore schoss und vier vorlegte – darunter das spielentscheidende 3:2 im Endspiel von Bern, das Deutschland zum Weltmeister machte.

Innenstürmer

»Rein das Ding«, lautet der Auftrag an alle Mittelstürmer. Wer, wenn nicht sie, sollte für die Tore, die das Salz in der Suppe des Sports sind, zuständig sein. Sie sind eine ganz besondere Spezies, die mitunter kaum zu sehen ist und auf die Gelegenheit lauert, um dann zuzuschlagen. Anders als die Außenstürmer, die über die Flügel kommen, ist der 16-Meter-Raum ihr Revier und der 5-Meter-Raum die Zone, wo es besonders heiß wird. Zu den Innenstürmern gehören aber auch die hängenden Spitzen, deren bekanntester Vertreter derzeit Thomas Müller ist, die hinter einem echten Neuner spielen und nicht nur als Torschützen, sondern auch als Vorbereiter glänzen.

Top 14 der deutschen Innenstürmer

	Spieler	Stammverein	Profijahre
1.	Gerd Müller	FC Bayern München	1964–1981
2.	Thomas Müller	FC Bayern München	2008–
3.	Miroslav Klose	1. FC Kaiserslautern	2000–2016
4.	Jürgen Klinsmann	VfB Stuttgart	1981–1998
5.	Uwe Seeler	Hamburger SV	1953–1972
6.	Rudi Völler	Werder Bremen	1977–1996
7.	Klaus Fischer	FC Schalke 04	1968–1988
8.	Ulf Kirsten	Bayer 04 Leverkusen	1983–2003
9.	Mario Gómez	VfB Stuttgart	2004–2020
10.	Dieter Müller	1. FC Köln	1972–1991
11.	Klaus Allofs	Fortuna Düsseldorf/1. FC Köln	1975–1993
12.	Oliver Bierhoff	Ascoli Calcio/AC Mailand	1986–2003
13.	Manfred Burgsmüller	Borussia Dortmund	1967–1990
14.	Kalle Riedle	Werder Bremen/Borussia Dortmund	1983–2001

14 Kalle Riedle

Karl-Heinz Riedle (*1965)

Wichtigste Vereine: Werder Bremen 1987–1990, Lazio Rom 1990–1993, Borussia Dortmund 1993–1997

Nationalmannschaft: 1988–1994, 42 Spiele, 16 Tore

Größte Erfolge: Weltmeister 1990, Deutscher Meister 1988, 1995, 1996, Champions-League-Sieger 1997

Air Riedle: Den ersten Treffer legte sich Kalle Riedle (l.) selbst mit dem Kopf vor, den zweiten machte er gleich mit Köpfchen – mit seinem Doppelschlag nach einer halben Stunde brachte der kleine, aber ungemein kopfballstarke Stürmer Borussia Dortmund im Endspiel der Champions League 1997 gegen die scheinbar übermächtige Mannschaft von Juventus Turin um Superstar Zinédine Zidane auf die Siegerstraße und sorgte für den ersten und einzigen Triumph des BVB in der Königsklasse.

13 Manfred Burgsmüller

Manfred Burgsmüller (1949–2019)

Wichtigste Vereine:
Bayer 05 Uerdingen 1971–1974, 1976, Borussia Dortmund 1976–1983, Werder Bremen 1985–1990

Nationalmannschaft:
1977–1978, 3 Spiele, 0 Tore

Größte Erfolge:
Deutscher Meister 1988

König der Schlitzohren: Heber, Schlenzer, Abstauber, Seit- und Fallrückzieher, krumme Dinger und schräge Schüsse – Manni Burgsmüller hat 1977/78 gerade einmal drei Länderspiele gemacht und war doch einer der ganz großen deutschen Stürmer. Kein anderer Spieler hat in der Bundesliga öfter für Borussia Dortmund getroffen, und das Kind des Ruhrpotts mit dem lockeren Mundwerk gehört zum exklusiven Klub von nur fünf Stürmern, die seit Gründung der Liga mehr als 200 Treffer auf ihr Konto buchen konnten.

Rekordtorschützen der Bundesliga

	Spieler	Tore	Spiele	Wichtigster Verein	Zeitraum
1.	Gerd Müller	365	427	FC Bayern München	1965–1979
2.	Robert Lewandowski	312	383	FC Bayern München	2010–2022
3.	Klaus Fischer	268	535	FC Schalke 04	1968–1988
4.	Jupp Heynckes	220	369	Borussia Mönchengladbach	1965–1978
5.	Manfred Burgsmüller	213	447	Borussia Dortmund	1969–1990

12 Oliver Bierhoff

Oliver Bierhoff (*1968)

Wichtigste Vereine:
Ascoli Calcio 1991–1995, Udinese Calcio 1995–1998, AC Mailand 1998–2001

Nationalmannschaft:
1996–2002, 70 Spiele, 37 Tore

Größte Erfolge:
Europameister 1996, Italienischer Meister 1999

Golden Goal à la Gerd Müller: Nicht ein einziges Tor hatte Oliver Bierhoff bei der Europameisterschaft 1996 auf dem Weg ins Finale gemacht, und doch sollte das Turnier seine große Bühne werden. In der 69. Minute des Endspiels gegen Tschechien kam der Stürmer in die Partie, köpfte in der 73. Minute den Ausgleich und schoss die deutsche Elf in der Verlängerung mit einem Schuss aus der Drehung à la Gerd Müller zum Titel – das wichtigste Golden Goal nicht nur der deutschen Fußballgeschichte.

Legende
Horst Hrubesch

Das Kopfballungeheuer: »Manni Banane, ich Kopf – Tor!«, erläuterte Horst Hrubesch (M.) das Geheimnis seines Erfolgs. Fußball kann so herrlich einfach sein! Zwischen 1978 und 1983 köpfte (und schoss) das nicht zu bändigende Ungeheuer für den Hamburger SV 132 Tore, gewann die europäische Königsklasse sowie dreimal die Meisterschaft und wurde 1982 mit 27 Treffern Torschützenkönig der Bundesliga – bis 2004 traf kein Spieler mehr so oft in einer Saison. Und im Endspiel der Europameisterschaft 1980 machte er mit einem Doppelpack den Titel klar – mit seinen beiden ersten Treffern im Nationaltrikot im zarten Fußballeralter von 29 Jahren.

Mittelstürmer in Schwarz-Weiß
Ottmar Walter

Kein Wunder … war möglicherweise das »Wunder von Bern«, als die deutsche Elf die scheinbar übermächtige ungarische Auswahl 3:2 schlug und sensationell Weltmeister wurde. Denn die deutsche Offensivreihe gehört sicherlich zu den besten der Fußballgeschichte: Die beiden Spielmacher Fritz Walter (r.) und Max Morlock, die Außenstürmer Hans Schäfer und Helmut Rahn sowie Mittelstürmer Ottmar Walter (l.) trafen allesamt im Turnierverlauf mindestens dreimal und zusammen gigantische 21-mal. Mit 295 Spielen in 275 Partien ist Ottmar Walter der Rekordtorschütze der deutschen Oberliga bis zur Einführung der Bundesliga 1963 – noch vor seinem Bruder Fritz, Werner Baßler und Uwe Seeler.

11 Klaus Allofs

Unter der sengenden Sonne von Neapel: Im Klassiker gegen die Niederlande stellte die deutsche Elf bei der Europameisterschaft 1980 die Weichen auf Finaleinzug. Der Held des Tages: Klaus Allofs war stets zur Stelle, wenn es im holländischen Strafraum brannte, und schnürte einen Dreierpack gegen den Erzrivalen. Ein gewiefter Zocker war Allofs insbesondere in Alles-oder-nichts-Spielen: Der ebenso spielstarke wie torgefährliche Stürmer ist einer von nur vier Spielern, die den Pokal mit drei Vereinen gewonnen haben.

Klaus Allofs
(*1956)

Wichtigste Vereine:
Fortuna Düsseldorf 1975–1981, 1. FC Köln 1981–1987, Olympique Marseille 1987–1989, Werder Bremen 1990–1993

Nationalmannschaft:
1978–1988, 56 Spiele, 17 Tore

Größte Erfolge:
Europameister 1980, Deutscher Meister 1993, Deutscher Pokalsieger 1979, 1980, 1983, 1991, Französischer Meister 1989, Französischer Pokalsieger 1989, Europapokalsieger der Pokalsieger 1992

10 Dieter Müller

Dieter Müller (*1954)

Wichtigste Vereine: Kickers Offenbach 1972–1973, 1986–1991, 1. FC Köln 1973–1981, Girondins Bordeaux 1982–1985

Nationalmannschaft: 1976–1978, 12 Spiele, 9 Tore

Größte Erfolge: Deutscher Meister 1978, Deutscher Pokalsieger 1977, 1978, Französischer Meister 1984, 1985

Beseelter Abgang: Masseur Erich Deuser, Heinz Flohe und Dieter Müller (v. l. n. r.) nach dem Halbfinale der Europameisterschaft 1976 gegen Jugoslawien. Weil Gerd Müller nach der WM 1974 seinen Rücktritt erklärt hatte, fehlte der Nationalmannschaft ein echter Mittelstürmer. Da traf es sich, dass Jungstar und Namensvetter Dieter für den 1. FC Köln traf und traf. Bundestrainer Helmut Schön nahm ihn ohne ein einziges Länderspiel mit nach Jugoslawien, und als der Gastgeber kurz vor Schluss 2:1 führte, wurde der Youngster ins kalte Wasser geworfen: Mit seinem ersten Treffer rettete er Deutschland in die Verlängerung, in der er zweimal nachlegte und das Finale klarmachte – das vielleicht spektakulärste Länderspieldebüt der deutschen Fußballgeschichte.

Außer Konkurrenz
Erwin Kostedde

Schwarzer Adler: Erwin Kostedde, Sohn eines GIs und einer Deutschen, wurde kurz vor Weihnachten 1974 beim EM-Qualifikationsspiel in Malta zum ersten farbigen Nationalspieler. Nach nur drei Länderspielen war die Nationalmannschaftskarriere des Stürmers, der in 93 Bundesligapartien für die Kickers aus Offenbach 52-mal traf, 1971 belgischer und 1980 französischer Torschützenkönig war, auch schon wieder vorbei. 1990 wurde er beschuldigt, einen Raubüberfall auf eine Spielhalle begangen zu haben, und saß monatelang in Untersuchungshaft. Wie sich herausstellte, völlig zu Unrecht – er war allein wegen seiner Hautfarbe verdächtigt worden.

9 Mario Gómez

Mario Gómez (*1985)

Wichtigste Vereine:
VfB Stuttgart 2004–2009, 2018–2020, FC Bayern München 2009–2013

Nationalmannschaft:
2007–2018, 78 Spiele, 31 Tore

Größte Erfolge:
Deutscher Meister 2007, 2010, 2013, Deutscher Pokalsieger 2010, 2013, Champions-League-Sieger 2013

»Der war's!«, zeigt Mario Gómez an. Nur keine falsche Bescheidenheit! Viermal traf Gómez 2018 im Achtelfinale der Champions League gegen den FC Basel ins Schwarze – zu seinem Hattrick in Halbzeit zwei legte ihm, wer sonst, Franck Ribéry dreimal mustergültig vor. Allein Gerd Müller, wer sonst, hat unter den deutschen Spielern in einer Partie der Königsklasse noch öfter getroffen. In der Bundesliga gelangen dem schwäbisch-andalusischen Stürmer drei Hattricks – nur, wer sonst, Gerd Müller und Klaus Fischer haben mehr zu Buche stehen –, darunter einer der schnellsten der Bundesligageschichte.

Der Ungeliebte: Immer wieder stand Mario Gómez in der Nationalmannschaft unter Kritik und wurde von den eigenen Fans ausgepfiffen. Dabei steht der Stürmer mit 31 Treffern doch immerhin auf Rang 13 der Liste der Torschützen der deutschen Fußballnationalmannschaft. Zwei seiner wichtigsten Treffer schoss er bei der Europameisterschaft 2012 beim 2:1 gegen die Niederlande, zweimal nach herrlichen Pässen von Bastian Schweinsteiger.

Die schnellsten Hattricks der Bundesliga

	Spieler	Verein	Gegner	Datum	Endergebnis	Min.
1.	Robert Lewandowski	FC Bayern München	VfL Wolfsburg	22.09.2015	5:1	4
2.	Michael Tönnies	MSV Duisburg	Karlsruher SC	27.08.1991	6:2	5
3.	Norbert Dickel	Borussia Dortmund	Hannover 96	13.09.1988	4:0	6
	Herbert Laumen	Borussia Mönchengladbach	Hannover 96	30.09.1967	5:1	6
5.	Mario Gómez	VfL Wolfsburg	Bayer 04 Leverkusen	02.04.2017	3:3	7
	Sean Dundee	Karlsruher SC	FC St. Pauli	28.08.1996	4:0	7

Die jüngsten Spieler der Bundesliga

	Spieler	Datum	Verein	Alter
1.	Youssoufa Moukoko	21.11.2020	Borussia Dortmund	16 Jahre 1 Tag
2.	Paul Wanner	07.01.2022	FC Bayern München	16 Jahre 15 Tage
3.	Tom Bischof	19.03.2022	TSG 1899 Hoffenheim	16 Jahre 8 Monate 19 Tage
4.	Sidney Raebiger	08.01.2022	RB Leipzig	16 Jahre 8 Monate 22 Tage
5.	Zidan Sertdemir	07.11.2021	Bayer 04 Leverkusen	16 Jahre 9 Monate 3 Tage

Talent
Youssoufa Moukoko

Kindliche Freude: In seinem sechsten Bundesligaspiel macht Youssoufa Moukoko prompt sein erstes Tor. In den Junioren-Ligen hatte der gebürtige Kameruner alle Torrekorde pulverisiert, und schon früh, früher als andere, eilte ihm der Ruf des »Wunderkinds« voraus. Kaum war er 16 Jahre alt und damit spielberechtigt, lief er auch schon auf. Und gut zwei Wochen später auch in der Champions League, deren jüngster Spieler er seither ebenfalls ist.

Die jüngsten Torschützen der Bundesliga

	Spieler	Datum	Verein	Alter
1.	Youssoufa Moukoko	18.12.2020	Borussia Dortmund	16 Jahre 28 Tage
2.	Florian Wirtz	06.06.2020	Bayer 04 Leverkusen	17 Jahre 1 Monat 3 Tage
3.	Nuri Şahin	26.11.2005	Borussia Dortmund	17 Jahre 2 Monate 21 Tage
4.	Tim Rohe	16.04.2022	Borussia Dortmund	17 Jahre 5 Monate 18 Tage
5.	Julian Draxler	01.04.2011	FC Schalke 04	17 Jahre 6 Monate 12 Tage

Talent
Karim Adeyemi

Erstes Länderspiel, erstes Tor – Karim Adeyemi (l.) kann es nicht fassen, Vorlagengeber Florian Wirtz (r.) hat aber alles genau gesehen und kann bestätigen: Der Jungstürmer von RB Salzburg hat soeben in seinem ersten Spiel in Schwarz und Weiß getroffen und das halbe Dutzend im WM-Qualifikationsspiel gegen Armenien vollgemacht. In den letzten Jahrzehnten waren nur Mario Götze, Marko Marin, Jamal Musiala und Lukas Podolski noch ein paar Tage jünger, als sie erstmals trafen.

DDR-Superstar
Joachim Streich

Joachim Streich: Der Rekordtorschütze sowohl der Nationalmannschaft als auch der DDR-Oberliga – mit 229 Treffern zwischen 1969 und 1985 – traf bei der Weltmeisterschaft 1974 beim 2:0 gegen Australien und beim 1:1 gegen Argentinien. Den ewigen Ruhm musste er im Spiel aller Spiele gegen die BRD allerdings Jürgen Sparwasser überlassen, der mit seinem goldenen Tor die Sensation perfekt machte, als Nationaltrainer Georg Buschner »Strich« Streich der Taktik opferte und auf die Bank beorderte.

Rekordspieler der Auswahl der DDR

	Spieler	Einsätze	Turniere
1.	Joachim Streich	98	1969–1984
2.	Hans-Jürgen Dörner	96	1969–1985
3.	Jürgen Croy	86	1967–1981

Rekordschützen der Auswahl der DDR

	Spieler	Einsätze	Turniere
1.	Joachim Streich	53	1969–1984
2.	Eberhard Vogel	24	1962–1976
3.	Hans-Jürgen Kreische	22	1968–1975

Alle lupenreinen Hattricks der deutschen Nationalmannschaft

Spieler	Gegner	Ergebnis	Datum
Edmund Conen	Belgien	5:2	27.05.1934
Otto Siffling	Dänemark	8:0	16.05.1937
Edmund Conen	Bulgarien	7:3	20.10.1940
Uwe Seeler	Türkei	3:0	28.09.1963
Lothar Ulsaß	Österreich	4:1	09.10.1965
Gerd Müller	Peru	3:1	10.06.1970
Gerd Müller	Sowjetunion	4:1	26.05.1972
Ulf Kirsten	Albanien	3:2	02.04.1997
Oliver Bierhoff	Nordirland	3:1	20.08.1997

8 Ulf Kirsten

Ulf Kirsten (*1965)

Wichtigste Vereine:
Dynamo Dresden 1983–1990, Bayer 04 Leverkusen 1990–2003

Nationalmannschaft:
DDR: 1985–1990, 49 Spiele, 14 Tore, BRD: 1990–2000, 51 Spiele, 20 Tore

Größte Erfolge:
DDR-Meister 1989, 1990, DDR-Pokalsieger 1985, 1990, Deutscher Pokalsieger 1993

Der »Schwatte«: Nur vier deutsche Stürmer – Gerd Müller, Klaus Fischer, Jupp Heynckes und Manni Burgsmüller – haben in der Bundesliga mehr Tore geschossen als der bullige Vollblutstürmer, und das, obwohl der Dresdner erst nach dem Mauerfall, mit fast 25 Jahren, in der Bundesliga aufschlug. Sein größtes Husarenstück: Im November 1997 lag Bayer 04 nach einer halben Stunde gegen Bayern München 0:2 zurück und war ein Mann weniger, als der »Schwatte« in Halbzeit zwei so richtig aufdrehte und die Partie mit einem lupenreinen Hattrick drehte – Bayer 4, Bayern 2.

Ohne Kompromisse ab durch die Mitte: Ede Geyer, Kirstens Trainer bei Dynamo Dresden und in der DDR-Auswahl, adelte den Stürmer einst: »Dort, wo andere den Fuß wegziehen, geht Kirsten mit dem Kopf hin.« Und, möchte man hinzufügen, zur Not auch mit dem Kopf durch die Wand, ohne anzuklopfen. Bei den Weltmeisterschaften 1994 und 1998 sowie der Europameisterschaft 2000 fehlte Kirsten die Fortune, sein Meisterstück im Nationaltrikot lieferte er 1997 gegen Albanien ab: In der 62. Minute kam der »Schwatte« beim Stand von 0:1 in die Partie, köpfte mit dem ersten Ballkontakt den Ausgleich und legte zweimal nach – der erste Hattrick für die Nationalelf seit 25 Jahren.

7 Klaus Fischer

Klaus Fischer (*1949)

Wichtigste Vereine: FC Schalke 04 1970–1981, 1. FC Köln 1981–1984

Nationalmannschaft: 1977–1982, 45 Spiele, 32 Tore

Größte Erfolge: Deutscher Pokalsieger 1972, 1983

Legendäres Trio in Blau-Weiß: Rolf Rüssmann (M.) sorgte hinten für Ruhe, Flügelflitzer Rüdiger Abramczik (r.) war für die Vorlagen zuständig, Klaus Fischer (l.) für spektakuläre Tore am laufenden Band. 1976 vermöbelten sie die Bayern – mit den Superstars Beckenbauer, Rummenigge, Hoeneß und Müller – in München mit 7:0, als Rüssmann hinten für Ruhe sorgte, Abramczik fünfmal vorlegte und Fischer viermal spektakulär vollstreckte. Nur Robert Lewandowski und Gerd Müller haben in der Bundesliga öfter getroffen als der König der Fallrückzieher.

Hinterrücks ins Glück: 1:3 hatte die deutsche Elf im Halbfinale der WM 1982 gegen Frankreich bereits zurückgelegen, als Kalle Rummenigge den Anschlusstreffer erzielte und Klaus Fischer mit einem herrlichen Fallrückzieher das Tor zum Endspiel aufstieß – das Tor des Jahres 1982. Im Länderspiel gegen die Schweiz 1977 war Fischer ebenfalls per Fallrückzieher ein traumhafter Treffer gelungen, der nicht nur zum Tor des Jahres, sondern auch zum Tor des Jahrzehnts und Tor des Jahrhunderts gewählt wurde.

Deutsche Spieler mit den meisten Hattricks in der Bundesliga

	Spieler	Hattricks
1.	Gerd Müller	7
2.	Klaus Fischer	5
3.	Manfred Burgsmüller	3
	Mario Gómez	3
	Dieter Müller	3

Legende
Timo Konietzka

Schneller, als die Bilder laufen lernten: In der letzten Oberliga-Saison, 1962/63, hatte Timo Konietzka 24-mal ins Schwarze getroffen, als Borussia Dortmund – im Endspiel gegen den 1. FC Köln – zum dritten Mal die Meisterschaft gewann. In der darauffolgenden Spielzeit, der ersten der neu gegründeten Bundesliga, trug er sich in die Geschichtsbücher ein: Nach nur 58 Sekunden traf er gegen Werder Bremen in die Maschen und ist damit der erste Torschütze der Bundesliga – die Kameras waren noch nicht bereit und verschliefen den historischen Treffer.

Kronprinz
Timo Werner

Den Henkelpott fest im Griff: Im Halbfinale der Champions League gegen Real Madrid hatte Kai Havertz (l.) mit einem Heber die Latte getroffen, Timo Werner (r.) setzte nach und beförderte das Runde ins Eckige und damit den FC Chelsea ins Endspiel. Nicht nur bei den Blues aus London, sondern auch im Trikot der Nationalmannschaft hat Werner nicht immer überzeugt und ist nach wie vor nicht über den Status des Kronprinzen im deutschen Sturm hinausgekommen – die Fähigkeiten hat er allemal.

6 Rudi Völler

Rudi Völler (*1960)

Wichtigste Vereine:
Werder Bremen 1982–1987, AS Rom 1987–1992, Olympique Marseille 1992–1994, Bayer 04 Leverkusen 1994–1996

Nationalmannschaft:
1982–1994, 90 Spiele, 47 Tore

Größte Erfolge:
Weltmeister 1990, Italienischer Pokalsieger 1991, Champions-League-Sieger 1993

Es gibt nur einen Rudi Völler: 1982 kam »Tante Käthe« als Torschützenkönig der zweiten Liga nach Bremen und wurde auf Anhieb Torschützenkönig der ersten Liga. Mit ihm etablierte sich Werder in der Spitzengruppe der Bundesliga und wurde dreimal Vizemeister: am dramatischsten 1986, als die Bremer am vorletzten Spieltag alles klarmachen hätten können, bis zum letzten Spieltag konstant an der Tabellenspitze standen und doch noch alles verspielten.

»Tante Käthe« erlegt den spanischen Stier: Rudi Völler war 1987 nach Rom gewechselt, wo er zunächst gar nicht klarkam, und war auch im Nationaltrikot in der Krise. Im EM-Spiel gegen Spanien brach er den Fluch, traf doppelt und ließ alle Zweifel hinter sich. In der Folge feierte er seine größten Erfolge, wurde 1990 Weltmeister, traf 1991 im Finale der Coppa Italia doppelt und gewann den italienischen Pokal – und 1993 mit Olympique Marseille gegen den haushohen Favoriten AC Mailand die erstmals ausgetragene Champions League.

5 Uwe Seeler

»Uns Uwe« wollte nie weg von Hamburg, seiner Perle, auch nicht, als Inter Mailand 1961 bereit war, eine Millionensumme auf den Tisch zu blättern. In fast zwei Jahrzehnten für den HSV schoss der Kugelblitz gigantische 404 Tore. Ab 1955 war er siebenmal in acht Jahren Torschützenkönig der Oberliga Nord und 1964 der erfolgreichste Knipser der ersten Bundesligasaison. Er war, natürlich, 1960 Deutschlands erster Fußballer des Jahres, wurde 1964 und 1970 weitere zweimal geehrt – so oft wie sonst nur Franz Beckenbauer, Michael Ballack und Sepp Maier.

Uwe Seeler (1936–2022)

Wichtigste Vereine:
Hamburger SV 1953–1972

Nationalmannschaft:
1954–1970, 72 Spiele, 43 Tore

Größte Erfolge:
Deutscher Meister 1960, Deutscher Pokalsieger 1963

Adler ohne Titel: Uwe Seeler bestritt sein erstes Länderspiel im Oktober 1954, gut drei Monate nachdem Deutschland Weltmeister geworden war. Und er hängte die Fußballschuhe im Mai 1972 an den Nagel, keine zwei Monate bevor Deutschland Europameister wurde. Bei den Weltmeisterschaften 1958 bis 1970 traf er immer mindestens zweimal und insgesamt neunmal. Er wurde WM-Vierter, -Dritter und -Zweiter, nur der Titel war ihm nicht vergönnt. Bei seinem 21. und letzten WM-Spiel um Platz drei gegen Uruguay (Foto) waren die Kameras auf den Rekordhalter gerichtet – mehr WM-Spiele machten bis heute nur zwei Deutsche sowie Paolo Maldini.

Deutsche Spieler mit den meisten WM-Einsätzen

	Spieler	Weltmeisterschaften	Einsätze
1.	Lothar Matthäus	1982–1998	25
2.	Miroslav Klose	2002–2014	24
3.	Uwe Seeler	1958–1970	21
4.	Philipp Lahm	2006–2014	20
	Bastian Schweinsteiger	2006–2014	20

4 Jürgen Klinsmann

Akrobat schön: Nach einem herrlichen langen Diagonalpass von Ásgeir Sigurvinsson flankt Günther Schäfer direkt in die Mitte, Jürgen Klinsmann lässt mit einem perfekt und hart getroffenen Fallrückzieher weder Gegenspieler Hansi Pflügler noch Bayern-Torhüter Jean-Marie Pfaff den Hauch einer Chance – das Tor des Jahres 1987. Klinsi wird am Ende der Saison Torschützenkönig sowie Deutschlands Fußballer des Jahres, der VfB zieht in den UEFA-Pokal ein, erreicht 1989 das Endspiel gegen Diego Maradonas SSC Neapel und schrammt denkbar knapp am Titel vorbei.

Denkwürdiges Duell: Schon im Achtelfinale der WM 1990 trafen der amtierende Europameister und der kommende Weltmeister aufeinander – es wurde eine unvergessliche Fußballschlacht für die Geschichtsbücher. Frank Rijkaard provozierte und pöbelte, spuckte Rudi Völler ins Gesicht und musste völlig zu Recht den Platz verlassen, der deutsche Stürmer aber auch – völlig zu Unrecht. Jürgen Klinsmann machte das einzig Richtige, lief für seinen Sturmpartner bis zur völligen Erschöpfung mit und machte ein fantastisches Länderspiel, das er mit seinem Treffer zum 1:0 krönte – Deutschland gewann nicht nur gegen den Erzrivalen, sondern auch den Titel.

Jürgen Klinsmann (*1964)

Wichtigste Vereine:
Stuttgarter Kickers 1981–1984, VfB Stuttgart 1984–1989, Inter Mailand 1989–1992, AS Monaco 1992–1994, FC Bayern München 1995–1997

Nationalmannschaft:
1987–1998, 108 Spiele, 47 Tore

Größte Erfolge:
Weltmeister 1990, Europameister 1996, Deutscher Meister 1997, UEFA-Pokal-Sieger 1991, 1996

3 Miroslav Klose

Miroslav Klose (*1978)

Wichtigste Vereine: 1. FC Kaiserslautern 2000–2004, Werder Bremen 2004–2007, FC Bayern München 2007–2011, Lazio Rom 2011–2016

Nationalmannschaft: 2001–2014, 137 Spiele, 71 Tore

Größte Erfolge: Weltmeister 2014, Deutscher Meister 2008, 2010, Deutscher Pokalsieger 2008, 2010, Italienischer Pokalsieger 2013

Mit aller Wucht: Flanke Michael Ballack, Kopfballverlängerung Tim Borowski, Knallerkopfballtor Miro Klose. Bis zur 80. Minute hatte Deutschland im Viertelfinale der Heim-WM 2006 gegen Argentinien zurückgelegen, doch Miro Nationale hatte etwas dagegen, dass das »Sommermärchen« schon im Viertelfinale enden sollte. 2005/2006 war Klose in der Form seines Lebens, schoss 31 Tore in 40 Spielen, wurde zum Fußballer des Jahres gewählt und machte – wie schon 2002 – fünf WM-Tore.

Deutsche Spieler mit den meisten Toren bei Weltmeisterschaften

	Spieler	Turniere	Tore
1.	Miroslav Klose	2002–2014	16
2.	Gerd Müller	1970–1974	14
3.	Jürgen Klinsmann	1990–1998	11
4.	Thomas Müller	2010–2014	10
	Helmut Rahn	1954–1958	10

Mittelstürmer in Schwarz-Weiß
Helmut Haller

Das halbe Dutzend: Nach einer eigentlich harmlosen Halbfeldflanke von Siggi Held köpft Ray Wilson (Nr. 3) vor die Füße von Helmut Haller (M.), der sich nicht lange bitten lässt, sondern nach zwölf Minuten zur Führung für die deutsche Elf im Endspiel der Weltmeisterschaft 1966 einschießt – auch Bobby Charlton (l.) und Bobby Moore (r.) sind machtlos. Doch auch der sechste Turniertreffer des Italien-Legionärs, der am liebsten als hängende Spitze agierte, reichte nicht, denn bekanntlich sorgte das berühmt-berüchtigte Wembley-Tor für den bis heute einzigen großen Titel der Three Lions.

Vier Brasilianer gucken bedröppelt aus der Wäsche, der Ball zappelt im Netz, Miro Klose dreht ab und durch. In seinem 23. und vorletzten Weltmeisterschaftsspiel, dem Halbfinale der WM 2014 in und gegen Brasilien, hat der Stürmer soeben sein 16. und letztes Weltmeisterschaftstor geschossen, überholt damit – ausgerechnet – den auf der Bühne erstarrenden Ronaldo, als die deutsche Elf den Gastgeber auf historische Art und Weise vorführt, mit 7:1 ins Endspiel einzieht und Weltmeister wird.

Der Salto: Miroslav Klose hatte wahrlich oft Gelegenheit, sein Markenzeichen zum Besten zu geben. In 600 Partien für den 1. FC Kaiserslautern, Werder Bremen, Bayern München und Lazio Rom traf der Stürmer 231-mal, in 137 Länderspielen 71-mal – häufiger als jeder andere deutsche Spieler. Aber Miro Klose war kein reiner Vollstrecker und betrieb keine One-Man-Show, sondern stellte sich stets in den Dienst der Mannschaft: Im Verein und in der Nationalmannschaft legte er bemerkenswerte 164 Treffer vor – auch das den einen oder anderen Salto wert.

2 Thomas Müller

Thomas Müller
(*1989)
Wichtigste Vereine:
FC Bayern München 2008–
Nationalmannschaft:
2010–, 116 Spiele, 44 Tore
Größte Erfolge:
Weltmeister 2014,
Deutscher Meister 2010, 2013, 2014, 2015, 2016, 2017, 2018, 2019, 2020, 2021, 2022,
Deutscher Pokalsieger 2010, 2013, 2014, 2016, 2019, 2020, Champions-League-Sieger 2013, 2020

Telepathische Verbindung: Bei einem Fototermin 2009 stellt Thomas Müller durch ein rundes Leder eine Direktverbindung zu Gerd Müller her und erhält Einsicht in die tiefsten Geheimnisse der hohen Fußballkunst. Sofort müllert es wieder im Bayern-Spiel: Der Müller-Thomas wird 2009/10 Stammspieler, trifft 13-mal und legt elfmal vor. Nach vier Länderspielen wird er in den Kader für die Weltmeisterschaft 2010 in Südafrika berufen, fährt zum Kap, macht fünf Buden und wird Torschützenkönig. »Dann macht es bumm, ja, und dann kracht's, und alles schreit: Der Müller macht's!«

Fünf unterm Zuckerhut: Zehn Minuten sind im Halbfinale gespielt, als die Brasilianer aufgereiht wie die Orgelpfeifen sich gegenseitig im eigenen Strafraum bewachen – nur Thomas Müller haben sie vergessen. Mutterseelenallein schiebt er das Leder ins Gehäuse. Der Auftakt zum erstaunlichsten und spektakulärsten WM-Halbfinale der Fußballgeschichte. Und Thomas Müllers fünftes Turniertor – mit zehn Toren 2010 und 2014 stehen nun nur noch Gerd Müller, Miro Klose und Jürgen Klinsmann in der Liste der deutschen WM-Schützen vor ihm.

Deutsche Spieler mit den meisten Meistertiteln

1.	Thomas Müller	11
2.	Manuel Neuer	10
3.	Jérôme Boateng	9
4.	Philipp Lahm	8
	Bastian Schweinsteiger	8
	Oliver Kahn	8
	Mehmet Scholl	8

Rekordjäger: Weltmeister, elf Meisterschaften, vier Doubles, zwei Triples – Titel, Auszeichnungen und Ehrungen noch und nöcher. Im Achtelfinale der Champions League 2015/16 kam ein besonderer Rekord hinzu: Schon lief die Nachspielzeit des Rückspiels gegen Juventus Turin, die Bayern brauchten unbedingt ein Tor, Thomas Müller war zur Stelle und erzwang die Verlängerung, in der die Münchner 4:2 gewannen. Es war Müllers 35. Tor in der Königsklasse – er überflügelte damit den Bomber und ist seither die deutsche Nummer eins auf europäischem Parkett.

Deutsche Spieler mit den meisten Toren im Pokal der Landesmeister/in der Champions League

	Spieler	Spiele	Tore
1.	Thomas Müller	134	52
2.	Gerd Müller	35	34
3.	Mario Gómez	44	26
4	Marco Reus	56	21
5.	Michael Ballack	93	16
	Dieter Hoeneß	27	16
	Karl-Heinz Rummenigge	36	16
	Leroy Sané	40	16

1 Gerd Müller

Der Bomber der Nation: »Da hab ich am besten gespielt«, sagte Gerd Müller über die Weltmeisterschaft 1970. Schon in der Qualifikation hatte er mächtig losgelegt und neun Buden in sechs Partien gemacht. In Mexiko war er noch besser: ein Tor gegen Marokko, drei gegen Bulgarien, ein lupenreiner Hattrick gegen Peru, ein Tor gegen England und zwei gegen Italien, zehn Tore insgesamt – noch mehr gelangen nur Sándor Kocsis 1954 (11) und Just Fontaine 1958 (13).

Gerd Müller (1945–2021)

Wichtigste Vereine:
FC Bayern München 1964–1979

Nationalmannschaft:
1966–1974, 62 Spiele, 68 Tore

Größte Erfolge:
Weltmeister 1974, Europameister 1972, Deutscher Meister 1969, 1972, 1973, 1974, Deutscher Pokalsieger 1966, 1967, 1969, 1971, Europapokalsieger der Landesmeister 1974, 1975, 1976, Europapokalsieger der Pokalsieger 1967

Der König der Mittelstürmer: Es müllerte und müllerte und müllerte … die meisten Tore für Bayern München, die meisten Tore in der Bundesliga, die meisten Tore im Pokal, die meisten Tore in den europäischen Wettbewerben, die meisten Tore in der Nationalmannschaft, die meisten Tore bei Weltmeisterschaften – manche seiner Rekorde gelten noch immer, einige wurden überboten – allerdings benötigten die neuen Rekordhalter allesamt ein Vielfaches an Spielen, um so viele Tore zu machen wie der größte aller Knipser.

Die meisten Tore bei einer WM-Endrunde

	Spieler	Weltmeisterschaft	Tore
1.	Gerd Müller	1970	10
2.	Helmut Haller	1966	6
	Max Morlock	1954	6
	Helmut Rahn	1958	6
5.	Jürgen Klinsmann	1994	5
	Miroslav Klose	2002, 2006	5
	Thomas Müller	2010, 2014	5
	Karl-Heinz Rummenigge	1982	5

»Bomber war so nett. Ich denke, er war als Mensch genauso gut wie als Spieler.«
Hermann Gerland
(langjähriger Amateur- und Co-Trainer des FC Bayern)

Im siebten Fußballhimmel: Gerd Müller (l.) und Rainer Zobel (r.) herzen sich nach dem Sieg in der Wiederholungspartie des Endspiels der Landesmeister 1974 gegen Atlético Madrid – der Bomber höchstpersönlich hatte beim furiosen 4:0-Sieg zweimal gemüllert. Viermal war Gerd Müller Torschützenkönig der Königsklasse, dreimal in Folge – 1974 bis 1976 – triumphierte er im wichtigsten europäischen Wettbewerb für Vereinsmannschaften.

Explosive Drehungen: Gerd Müllers Markenzeichen war die unfassbar schnelle Drehung. Er nahm den Ball an, wandte sich wie der Blitz und traf mit unnachahmlicher Präzision. Das berühmteste typische Müller-Tor: Jürgen Grabowski schickte Rainer Bonhof, der drang über den rechten Flügel in den holländischen Strafraum ein, passte auf Gerd Müller, explosive Drehung – »dann macht es bumm, ja, und dann kracht's« –, und Deutschland war Weltmeister 1974.

Rückblende: 7. Juli 1974, Endspiel der Weltmeisterschaft, Gerd Müller ist frisch rasiert. Im Bilde: 3. August 1974, die Bayern steigen ins Training ein – dabei: Weltmeister Gerd Müller, jetzt neu mit Vollbart. Udo Lattek kann nicht widerstehen und krault gleich mal. Müllers erster Bayern-Trainer, Tschik Čajkovski, nannte ihn »kleines, dickes Müller« und wollte ihn eigentlich gar nicht haben: »Was soll ich mit einem Gewichtheber?« Nachfolger Branko Zebec schmolz ihm den Babyspeck ab. Und Udo Lattek schließlich kitzelte alles aus ihm heraus. In jedem Fall gilt: Durch Bombers 398 Bundesligatore wurde der FC Bayern erst zu dem Klub von Weltrang, der er heute ist.

Die Top 11 der Männer

Neuer wirft kurz ab, Kohler lässt auf Beckenbauer im Zentrum prallen. Der Kaiser sieht, dass Lahm an der Außenlinie startet. Der Flügelflitzer gibt in die Mitte, Matthäus treibt den Ball nach vorne, passt kurz auf Sammer, der Podolski auf dem linken Flügel glänzend einsetzt. Hohe Flanke in den Rückraum, Overath kontrolliert das Leder, bedient mustergültig Thomas Müller auf Halbrechts, der sieht Klose im Zentrum lauern, der legt geistesgegenwärtig kurz ab auf Gerd Müller – und schon zappelt der Ball in den Maschen! Die deutsche Top 11 – ein Vorschlag.

Philipp Lahm

113 Länderspiele/5 Tore/2004–2014

In Denkerpose: Philipp Lahm mit seinem typischen Griff an die Schläfe – der quirlige Außenverteidiger konnte Fußball ebenso gut lesen und verstehen wie technisch brillant spielen. 2014 krönte er seine Laufbahn mit dem WM-Titel.

Manuel Neuer

113 Länderspiele/0 Tore/seit 2009

Keine Schwächen, nur Stärken: Der kompletteste Torhüter der deutschen Fußballgeschichte kann alles und nichts nicht. Bei der Weltmeisterschaft 2014 zeigte Manuel Neuer sein herausragendes Liberospiel und reckte den WM-Pokal in die Höhe.

Franz Beckenbauer

103 Länderspiele/ 14 Tore/1965–1977

Der Kaiser: Als der Fußballgott beschloss, den Libero zu erfinden, nahm er Franz Beckenbauer zum Vorbild. Der Mittelfeldlenker und Abwehrorganisator war der unumstrittene Chef der goldenen Generation des deutschen Fußballs und überstrahlte 1972 und 1974 alle und jeden.

Matthias Sammer

DDR: 23 Länderspiele/6 Tore/1986–1990
BRD: 51 Länderspiele/8 Tore/1990–1997

Stets laut und deutlich: Ob in der Mittelfeldschaltzentrale oder im Abwehrzentrum, Matthias Sammer behielt in allen Lagen die Übersicht und kontrollierte das Spiel – überragend bei der EM 1996, als Deutschland den Titel zum dritten Mal gewann.

Jürgen Kohler

105 Länderspiele/ 2 Tore/1986–1998

Hart, aber herzlich: In den guten alten Zeiten, als Verteidiger noch Eisenfüße hatten, war Jürgen Kohler der gefürchtetste und beste. Legendär: die Duelle des Welt- und Europameisters gegen Hollands Superstürmer Marco van Basten.

Lothar Matthäus

150 Länderspiele/23 Tore/1980–2000

Loddar: Kein zentraler Mittelfeldspieler hat die Nationalmannschaft und den deutschen Fußball so lange dominiert wie Lothar Matthäus. Der Weltmeister von 1990 lief 150-mal in zwei Jahrzehnten in Schwarz und Weiß auf und prägte eine Ära.

Lukas Podolski

130 Länderspiele/
49 Tore/2004–2017

Das herzlichste Lachen: Lukas Podolski war nicht nur die Stimmungskanone, sondern mit 49 Toren auch der treffsicherste Außenstürmer der Nationalelf. Spektakulär: Zwölfmal erzielte der Kölner das »Tor des Monats«.

Gerd Müller

62 Länderspiele/68 Tore/1966–1974

Der Bomber: Der treffsicherste Mittelstürmer des FC Bayern, der Bundesliga und der Nationalmannschaft versenkte in Schwarz-Weiß mehr als einen Ball pro Partie.

Wolfgang Overath

81 Länderspiele/
17 Tore/1963–1974

Der Regisseur: Zweiter, Dritter, Erster – bei drei Weltmeisterschaften dirigierte Wolfgang Overath, 1964 erster Meister der Bundesliga, die deutsche Elf und gewann in seinem 81. und letzten Länderspiel den WM-Titel.

Thomas Müller

116 Länderspiele/44 Tore/seit 2010

Der Raumdeuter: Kein anderer Bundesligaspieler hat so viele Torvorlagen auf dem Kerbholz wie der Bayer, für den keine Lücke zu klein ist. 2014 schoss er seine WM-Tore sechs bis zehn und stemmte den Pokal in die Höhe.

Miroslav Klose

137 Länderspiele/
71 Tore/2001–2014

Keiner flog schöner: Miroslav Klose traf 71-mal im Nationaltrikot – so oft wie kein anderer. 2014 krönte er seine Karriere mit dem Weltmeistertitel und seinen WM-Toren 15 und 16 – neuer Rekord vor Gerd Müller und Ronaldo.

Die deutschen Top-Spielerinnen

Dzsenifer Marozsán (2. v. r.) schreit ihre Freude heraus, nachdem ihr im olympischen Finale von 2016 in Rio de Janeiro das 1:0 gegen Schweden gelungen ist. Die deutsche Elf gewinnt 2:1 und, nach acht Europa- und zwei Weltmeistertiteln, endlich auch zum ersten Mal Gold – der bis auf Weiteres letzte große Titel der deutschen Fußballnationalmannschaft der Frauen.

Die Top 11 der Frauen

Der Frauenfußball hat sich im letzten halben Jahrhundert rasant entwickelt. Heute unvorstellbar, untersagte der männlich dominierte deutsche Verband einst seinen Vereinen, Frauen überhaupt spielen zu lassen. Als das absurde Verbot endlich fiel, setzte eine Entwicklung ein, die dazu führte, dass der Fußball der Frauen in Sachen Technik, Tempo und Athletik längst sich kaum mehr von dem der Männer unterscheidet. Andere Unterschiede dagegen sind beharrlicher: Während die Männer in ausverkauften Arenen vor Zehntausenden spielen, kicken die Frauen in der Regel immer noch vor überschaubaren Zuschauerzahlen. Und während die Superstars der Männer Millionen und Abermillionen scheffeln, können die Frauen davon nach wie vor nur träumen.

Kicken verboten: 1955 untersagte der DFB den organisierten Frauenfußball, da »diese Kampfsportart der Natur des Weibes im Wesentlichen fremd ist«, wie es in der Begründung hieß. 1970, als Gerd Müller ein Benefizspiel zwischen dem FC Landau und dem FC Augsburg pfiff, wurde das absurde Verbot aufgehoben. Zu diesem Anlass witzelte Wim Thoelke im aktuellen Sportstudio: »Decken, decken – nicht Tisch decken!« Ein Spruch, der auch 19 Jahre später, als die deutsche Elf erstmals Europameister wurde, noch nicht abgestanden gewesen zu sein scheint, denn die siegreichen Spielerinnen erhielten vom DFB als Siegprämie: ein Kaffeeservice.

Schwarze Schafe: Der TuS Wörrstadt gründete, wie viele andere Vereine auch, ungeachtet des Verbots durch den DFB eine Frauenmannschaft. 1974 zelebrieren Isolde Nickel, Claire Harant und Regine Israel (v. l.) den Gewinn der ersten deutschen Meisterschaft – stilgerecht mit einem vielsagenden Maskottchen und dem interessanten Pokal, der 2009 von einer amtlichen Meisterschale abgelöst wurde. Regine Israel traf im Finale gegen DJK Eintracht Erle aus Gelsenkirchen dreimal, der vierte Treffer ging auf das Konto der Kapitänin Bärbel Wohlleben – ein mächtiger Distanzschuss mit dem Außenrist ins lange Eck und das erste Tor des Monats einer Frau.

Das Wunder von Taipeh: 1981 veranstaltete der taiwanesische Verband das »Women's World Invitational Tournament«, die inoffizielle Frauenfußballweltmeisterschaft, und wollte auch die deutsche Nationalmannschaft einladen. Nationalmannschaft? Gibt's keine!, ließ der DFB ausrichten. Hin fuhr schließlich der frischgebackene Meister und Pokalsieger, die SSG 09 Bergisch Gladbach, auf eigene Rechnung und ohne eine müde Mark vom Verband. Und dann das: Die SSG 09 schaffte das Wunder von Taipeh und gewann das Turnier – vor Neuseeland und Taiwan.

Tore des Monats

Spielerin	Tor des Monats	Verein	Partie
Bärbel Wohlleben	September 1974	TuS Wörrstadt	Endspiel dt. Meisterschaft
Beverly Ranger	Juni 1975	Bonner SC	Entscheidungsspiel um die Mittelrheinmeisterschaft
Silvia Neid	Mai 1988	TSV Siegen	Pokalfinale
Ursula Lohn	Juli 1989	Deutschland	EM-Endspiel
Heidi Mohr	Juli 1991	Deutschland	EM-Endspiel
Kerstin Elger	Oktober 1996	Tennis Borussia Berlin	Bundesligapartie
Renate Lingor	Juni 1999	Deutschland	WM-Vorrundenspiel
Birgit Prinz	Juni 2001	Deutschland	EM-Vorrundenspiel
Nia Künzer	Oktober 2003	Deutschland	WM-Endspiel
Simone Laudehr	September 2007	Deutschland	WM-Endspiel
Melanie Behringer	September 2009	Deutschland	EM-Endspiel
Leonie Maier	Juni 2013	Deutschland	Freundschaftsspiel
Dzsenifer Marozsán	Juni 2015	Deutschland	WM-Achtelfinale
Anna Blässe	Juli 2020	VfL Wolfsburg	Pokalspiel
Viviane Asseyi	März 2022	FC Bayern München	Bundesligapartie

Die erste Elf: 1982 fühlte sich der DFB endlich bemüßigt zu handeln, und ein Jahr nach dem Coup von Taipeh gab es – lange überfällig – eine Frauennationalmannschaft. Von oben links nach unten rechts: Birgit Bormann, Monika Degwitz, Brigitte Klinz, Gaby Dlugi-Winterberg, Doris Kresimon, Anne Trabant-Haarbach, Ingrid Gebauer, Bettina Krug, Marion Feiden, Rieke Koekkoek und Petra Landers – davon acht Spielerinnen aus Bergisch Gladbach – schlugen die Schweiz am 10. November 1982 in Koblenz 5:1.

Die Lohn der Mühen: Sechs Jahre, sieben Monate und 22 Tage nach dem ersten Länderspiel stand die deutsche Elf im EM-Endspiel 1989. Schon der Finaleinzug gegen Italien nach einem Elfmeterdrama, in dem Torhüterin Marion Isbert dreimal parierte und den entscheidenden Ball höchstpersönlich versenkte, war eine Sensation gewesen, und Finalgegner Norwegen galt als haushoher Favorit. Doch Ursula Lohn (M.) hatte die Kriegsbemalung an, war »on fire«, schlug nach 22 Minuten erstmals zu und beendete nach 36 Minuten einen fantastischen Sololauf mit dem Tor des Monats Juli – die deutschen Frauen gewannen 4:1 und den Titel.

Rekordmeisterinnen

	Verein	Anzahl	Jahr
1.	SSG 09 Bergisch Gladbach	9	1977, 1979, 1980, 1981, 1982, 1983, 1984, 1988, 1989
2.	1. FFC Frankfurt	7	1999, 2001, 2002, 2003, 2005, 2007, 2008
	VfL Wolfsburg	7	2013, 2014, 2017, 2018, 2019, 2020, 2022
4.	1. FFC Turbine Potsdam	6	2004, 2006, 2009, 2010, 2011, 2012
	TSV Siegen	6	1987, 1990, 1991, 1992, 1994, 1996

In den 1980er-Jahren hat sich der deutsche Frauenfußball binnen kürzester Zeit in der absoluten Weltspitze etabliert. Mit acht Europa- und zwei Weltmeisterschaftstiteln sowie einem olympischen Gold gehört die deutsche Elf zweifelsohne zu den besten rund um den Globus – nur die US-Girls sind noch erfolgreicher. Und auch im europäischen Vereinsfußball brauchen die deutschen Fußballerinnen keinen Vergleich zu scheuen: Mit neun Triumphen in der Champions League haben die deutschen Vereine die Nase vorn, Frankreich folgt mit acht Titeln – während die Mannschaften aus Schweden, England und Spanien abgeschlagen die Plätze unter sich ausmachen.

Top 11 der deutschen Fußballerinnen

Tor:	Nadine Angerer
Abwehr:	Doris Fitschen – Steffi Jones – Ariane Hingst
Mittelfeld:	Bettina Wiegmann – Renate Lingor – Dzsenifer Marozsán – Kerstin Garefrekes
Angriff:	Birgit Prinz – Inka Grings – Célia Šašić

Tor: Nadine Angerer

Nadine Angerer (*1978)

Wichtigste Vereine:
1. FFC Turbine Potsdam 2001–2007, 1. FFC Frankfurt 2009–2013

Nationalmannschaft:
1996–2015, 146 Spiele

Größte Erfolge:
Weltmeisterin 2003, 2007, Europameisterin 1997, 2001, 2005, 2009, 2013, Deutsche Meisterin 2004, 2006, Deutsche Pokalsiegerin 2004, 2005, 2006, Champions-League-Siegerin 2005

Null Komma null: Sage und schreibe 19 Tore hatte die deutsche Elf auf dem Weg ins Finale der Weltmeisterschaft 2007 geschossen und sich nicht ein einziges Gegentor eingefangen. Und auch im Endspiel hielt Nadine Angerer (r.) alle haltbaren und unhaltbaren Bälle – auch und sogar den Strafstoß von Weltfußballerin Marta (l.). Mit 2:0 verteidigte Deutschland den Titel, noch dazu mit weißer Weste in allen sechs Partien. 2013 setzte »Natze« Angerer noch einen drauf: Beim sechsten deutschen EM-Titel in Folge war sie schier unbezwingbar, hielt im Endspiel gegen Norwegen gleich zwei Elfmeter und wurde zur Spielerin des Turniers, zu Europas Fußballerin des Jahres und zur Weltfußballerin gewählt.

Rekordtorhüterinnen der deutschen Nationalmannschaft

	Torhüterin	Zeitraum	Spiele	Weiße Westen
1.	Nadine Angerer	1996–2015	145	89
2.	Silke Rottenberg	1993–2008	126	68
3.	Almuth Schult	2012–	64	39
4.	Marion Isbert	1982–1991	58	26
5.	Manuela Goller	1990–1996	45	22

Dauerbrennerinnen im Nationaltrikot

	Spielerin	Jahre	Dauer	Spiele
1.	Nadine Angerer	1996–2015	18 Jahre 311 Tage	145
2.	Birgit Prinz	1994–2011	16 Jahre 338 Tage	214
3.	Inka Grings	1996–2011	15 Jahre 173 Tage	96
4.	Martina Voss	1984–2000	15 Jahre 164 Tage	125
5.	Sandra Minnert	1992–2007	15 Jahre 156 Tage	147

Abwehr: Doris Fitschen

Die Kaiserin: In Ermangelung weiblicher Vorbilder erkor sich die junge Doris Fitschen nach eigenem Bekunden Franz Beckenbauer und Klaus Fischer als nacheifernswert. Und tatsächlich begann Fitschens Karriere im Nationaltrikot 1986 gegen Dänemark im Sturmzentrum und mit einem Tor beim Debüt, aber schon bald rückte sie nach hinten. Als Libera organisierte und gestaltete sie das deutsche Spiel und wurde bei der Weltmeisterschaft 1991 in China von den Medien als »weiblicher Beckenbauer« gefeiert. Gigantische fünfmal triumphierte sie bei Europameisterschaften – ein Rekord, den Nadine Angerer und Birgit Prinz einstellen, aber nicht überbieten konnten.

Doris Fitschen
(*1968)

Wichtigste Vereine:
VfR Eintracht Wolfsburg 1988–1992, TSV Siegen 1992–1996, 1. FFC Frankfurt 1996–2001

Nationalmannschaft:
1986–2001, 144 Spiele, 16 Tore

Größte Erfolge:
Europameisterin 1989, 1991, 1995, 1997, 2001, Deutsche Meisterin 1994, 1996, 1999, 2001, Deutsche Pokalsiegerin 1993, 1999, 2000, 2001

Talent Lea Schüller

Überfliegerin: 2020 wechselte Lea Schüller von ihrem Stammverein, der SGS Essen, zum FC Bayern München, der zuvor viermal in Folge Vizemeister geworden war und den VfL Wolfsburg endlich überflügeln wollte – und dafür unbedingt eine Mittelstürmerin der Extraklasse benötigte. Die blitzschnelle, kopfballstarke und schussgewaltige Angreiferin schlug nach einem Stotterstart voll ein und feierte gleich in ihrer ersten Saison in Rot den Meistertitel. Im Nationaldress schnürte sie zwei Viererpacks – 2018 gegen Tschechien und 2021 gegen Serbien – und will in Schwarz und Weiß unbedingt Titel gewinnen.

Abwehr: Steffi Jones

Da kniest dich nieder – und zwar namentlich Birgit Prinz (l.), die es schon wieder im gegnerischen Kasten hat rappeln lassen. Der Sturmführerin gegenüber: die Abwehrchefin. Steffi Jones (r.) prägte als Libera eine Ära der deutschen Nationalmannschaft. Mit ihrem Stellungsspiel und Spielaufbau, ihrer Kopfball- und Zweikampfstärke, ihrer feinen Technik und ihrem Auge für das Geschehen auf dem Rasen drückte sie dem Spiel ihren Stempel auf. Sie war weit mehr als bloß die Organisatorin der deutschen Abwehr, sondern eine der großen Persönlichkeiten in der Geschichte des deutschen Frauenfußballs.

Steffi Jones (*1972)

Wichtigste Vereine: SG Praunheim/1. FFC Frankfurt 1986–1991, 1992–1993, 1994–1997, 2000–2002, 2003–2007, FSV Frankfurt 1991–1992, 1997–1998

Nationalmannschaft: 1993–2007, 111 Spiele, 9 Tore

Größte Erfolge: Weltmeisterin 2003, Europameisterin 1997, 2001, 2005, Deutsche Meisterin 1998, 2001, 2002, 2003, 2005, 2007, Deutsche Pokalsiegerin 2001, 2002, 2003, US-Meisterin 2003, Champions-League-Siegerin 2002, 2006

Abwehr: Ariane Hingst

Ariane Hingst (*1979)

Wichtigster Verein: 1. FFC Turbine Potsdam 1997–2007

Nationalmannschaft: 1996–2011, 174 Spiele, 10 Tore

Größte Erfolge: Weltmeisterin 2003, 2007, Europameisterin 1997, 2001, 2005, 2009, Deutsche Meisterin 2004, 2006, Deutsche Pokalsiegerin 2004, 2005, 2006, 2011, Champions-League-Siegerin 2005

Die Titel-Verteidigerin: Viermal verteidigte die vielseitig einsetzbare Verteidigerin den Europameistertitel – und 2007 auch den der Weltmeisterin. Und wie! Mit Ariane Hingst als Abwehrchefin gewann die deutsche Elf alle sechs Endrundenpartien – mit 21:0 Toren. Die Verteidigerin, die auf allen defensiven Positionen zu glänzen wusste, wurde folgerichtig ins All-Star-Team des Turniers gewählt. Im Trikot der »Torbienen« aus Potsdam zeigte sie sich extrem abschlussstark, schoss 53 Tore in 160 Bundesligapartien und führte den Verein mit sieben nationalen und internationalen Titeln in eine Ära des Erfolgs.

Rekordspielerinnen bei Europameisterschaften

	Spielerin	Turniere	Zeitraum	Spiele
1.	Birgit Prinz	4	1997–2009	20
2.	Ariane Hingst	4	1997–2009	17
	Anja Mittag	4	2005–2017	17
4.	Doris Fitschen	5	1989–2001	16
	Steffi Jones	4	1993–2005	16
	Silke Rottenberg	4	1993–2005	16

Mittelfeld: Bettina Wiegmann

Immer da, immer Tor: Bei ihrem Premierenturnier, der EM 1991, gewann Bettina Wiegmann ihren ersten Titel, in ihrem letzten Spiel, dem Finale der WM 2003, feierte sie ihren größten Erfolg. Dazwischen fehlte Bettina Wiegmann nie und traf immer: bei fünf Europameisterschaften in 23 Partien fünfmal, bei vier Weltmeisterschaften in 22 Spielen elfmal, bei zwei Olympischen Spielen in acht Begegnungen dreimal. Ihr erfolgreichstes Jahr war 1997, als sie mit dem FFC Brauweiler Pulheim das Double gewann, die deutsche Elf im EM-Halbfinale gegen Schweden (Foto) mit einem Kunstschuss ins Endspiel schoss, gegen Italien den Titel gewann und zu Deutschlands Fußballerin des Jahres gewählt wurde.

Bettina Wiegmann
(*1971)

Wichtigster Verein:
Grün-Weiß Brauweiler/FFC Brauweiler Pulheim 1988–2001, 2003

Nationalmannschaft:
1989–2003, 154 Spiele, 51 Tore

Größte Erfolge:
Weltmeisterin 2003, Europameisterin 1991, 1995, 1997, 2001, Deutsche Meisterin 1997, Pokalsiegerin 1991, 1994, 1997

Rekordspielerinnen bei Weltmeisterschaften

	Spielerin	Jahre	Dauer	Spiele
1.	Birgit Prinz	4	1995–2007	24
2.	Bettina Wiegmann	4	1991–2003	22
3.	Nadine Angerer	3	2007–2015	17
	Ariane Hingst	4	1999–2011	17
5.	Kerstin Garefrekes	3	2003–2011	16
	Maren Meinert	3	1995–2003	16

Beste deutsche Torschützinnen bei Weltmeisterschaften

	Spielerin	Turniere	Zeitraum	Tore
1.	Birgit Prinz	4	1995–2007	14
2.	Bettina Wiegmann	4	1991–2003	11
3.	Heidi Mohr	2	1991–1995	10
4.	Kerstin Garefrekes	3	2003–2011	8
	Célia Šašić	2	2011–2015	8

Legende
Nia Künzer

Golden Girl mit Golden Goal: Nia Künzer (M.) stemmt 2002 die Trophäe der Champions League in die Höhe. Die Defensivspezialistin gehörte zur goldenen Generation des 1. FFC Frankfurt und gewann die europäische Königsklasse dreimal und je siebenmal Meisterschaft und Pokal. Allerdings stand die Verteidigerin nicht immer auf dem Platz, denn sie erlitt sage und schreibe vier Kreuzbandrisse, machte ihr letztes Länderspiel mit 23 Jahren und beendete ihre Karriere mit 28 Jahren. Künzers größter Moment: Im Endspiel der Weltmeisterschaft 2003 kam sie kurz vor dem Abpfiff ins Spiel und köpfte Deutschland in der Verlängerung per Golden Goal zum Titel.

Talente
Jule Brand und Laura Freigang

Neue Stürmerinnen braucht das Land: Beim Freundschaftsspiel gegen Australien im April 2021 debütierte Jule Brand (l.), Jahrgang 2002, im Nationaltrikot – sie wurde nach 60 Minuten eingewechselt und machte zwei Minuten später ihr erstes Länderspieltor. Nur drei Minuten nach dem 3:0 legte Brand erneut Feuer, legte für Laura Freigang (r.), Jahrgang 1998, vor, die sich nicht lange bitten ließ und auf 4:0 erhöhte. Freigang gelang in ihrem dritten Länderspiel ein lupenreiner Hattrick gegen Griechenland, und nach ihren ersten sieben Länderspielen standen ebenso viele Tore für die Stürmerin zu Buche – zwischenzeitlich die beste Torquote in der Geschichte der deutschen Frauenfußballnationalmannschaft.

Mittelfeld: Renate Lingor

»Idgie«: Renate Lingor gehört zu den erfolgreichsten Titelsammlerinnen des Fußballs. 2002 gewann die Edeltechnikerin und Kreativkünstlerin mit dem 1. FFC Frankfurt das erste Triple im Frauenfußball überhaupt – ein Kunststück, das sie 2008 wiederholte. An den beiden WM-Triumphen der deutschen Elf war sie stets unmittelbar beteiligt: In der Verlängerung des Endspiels 2003 gegen Schweden zirkelte sie einen Freistoß herrlich auf den Kopf von Nia Künzer, deren Golden Goal Titel Nummer eins bedeutete. Im Finale 2007 gegen Brasilien fand ihre Ecke perfekt die Stirn von Simone Laudehr, deren 2:0 den Deckel auf Titel Nummer zwei machte.

Renate Lingor (*1975)

Wichtigste Vereine:
SC Klinge Seckach 1991–1997, 1. FFC Frankfurt 1997–2008

Nationalmannschaft:
1995–2008, 149 Spiele, 35 Tore

Größte Erfolge:
Weltmeisterin 2003, 2007, Europameisterin 2001, 2005, Deutsche Meisterin 1999, 2001, 2002, 2003, 2005, 2007, 2008, Deutsche Pokalsiegerin 1999, 2000, 2001, 2002, 2003, 2007, 2008, Champions-League-Siegerin 2002, 2006, 2008

Mittelfeld: Dzsenifer Marozsán

Der Zauberfuß: Nach einer Flanke von Melanie Leupolz wehrt eine schwedische Abwehrspielerin unglücklich ab, das Leder landet vor den Füßen von Dzsenifer Marozsán, die den Ball mit ganz viel Gefühl in den rechten Winkel streichelt: das 1:0 im Endspiel der Olympischen Spiele 2016 im Maracanã-Stadion in Rio de Janeiro. Die deutsche Elf gewinnt 2:1 gegen Schweden und damit erstmals olympisches Gold. Die technisch brillante Spielmacherin wechselte 2016 zu Olympique Lyon, dem Nonplusultra im europäischen Frauenfußball, und gewann seither fantastische dreimal das Triple – also Meisterschaft, Pokal und Champions League.

Dzsenifer Marozsán
(*1992)

Wichtigste Vereine:
1. FC Saarbrücken 2007–2009, 1. FFC Frankfurt 2009–2016, Olympique Lyon 2016–

Nationalmannschaft:
2010–, 111 Spiele, 33 Tore

Größte Erfolge:
Europameisterin 2013, Olympiasiegerin 2016, Deutsche Pokalsiegerin 2011, 2014, Französische Meisterin 2017, 2018, 2019, 2020, Französische Pokalsiegerin 2017, 2019, 2020, Champions-League-Siegerin 2015, 2017, 2018, 2019, 2020, 2022

Kronprinzessin Sara Däbritz

Erbitterter Kampf um Gold: Drei wichtige Tore hatte Sara Däbritz (r.) 2016 auf dem Weg ins Olympia-Endspiel erzielt, in der Vorrunde gegen Simbabwe und Australien und im Halbfinale gegen Kanada, und nach der hart umkämpften Partie gegen Schweden baumelte die Goldmedaille um ihren Hals. Nicht ihr erster Erfolg mit der Nationalmannschaft: 2013 war die damals 18-Jährige auf den EM-Zug aufgesprungen, als die deutsche Elf zum sechsten Mal in Folge den Titel gewann. Seit 2019 kickt die Mittelfeldallrounderin für Paris Saint-Germain, das – nach 14 Meisterschaften für Olympique Lyon in Folge – 2021 erstmals die Division 1 Féminine gewann.

Außer Konkurrenz Die »Torbienen«

Die »Torbienen« schwärmen aus: 2006 feierte der 1. FFC Turbine Potsdam die zweite Meisterschaft der Klubgeschichte – mit dem sagenhaften Torverhältnis von 115:13. Conny Pohlers (M.) traf 36-mal, Petra Wimbersky 19-mal und Anja Mittag (l.) 15-mal. In der Saison zuvor hatte Turbine die europäische Königinnenklasse gewonnen und Pohlers mit 14 Toren einen neuen Torrekord aufgestellt, der erst 2018 von der Norwegerin Ada Hegerberg um einen Treffer übertroffen wurde.

Meiste Tore in der Champions League

	Spielerin	Nationalität	Stammverein	Tore
1.	Ada Hegerberg	Norwegen	Olympique Lyon	59
2.	Anja Mittag	Deutschland	1. FFC Turbine Potsdam	51
3.	Conny Pohlers	Deutschland	1. FFC Turbine Potsdam	48
4.	Eugénie Le Sommer	Frankreich	Olympique Lyon	47
5.	Marta	Brasilien	Umeå IK	46

Mittelfeld: Kerstin Garefrekes

Kerstin Garefrekes
(*1979)

Wichtigste Vereine:
FFC Heike Rheine 1998–2004,
1. FFC Frankfurt 2004–2016

Nationalmannschaft:
2001–2011, 130 Spiele, 43 Tore

Größte Erfolge:
Weltmeisterin 2003, 2007, Europameisterin 2005, 2009, Deutsche Meisterin 2005, 2007, 2008, Deutsche Pokalsiegerin 2007, 2008, 2011, 2014, Champions-League-Siegerin 2006, 2008, 2015

Weltmeisterliche KG: Nur eine einzige ihrer 22 WM-Partien hatten die favorisierten US-Amerikanerinnen bis dahin verloren und zwei von drei Endrunden gewonnen. Die deutsche Elf ging als klarer Außenseiter ins Halbfinale der WM 2003, doch Kerstin Garefrekes alias KG (M., hinten) köpfte nach einer Viertelstunde mit ihrem vierten Turniertreffer die Führung, die US-Girls rannten den Rest des Spiels an, wurden aber durch zwei Konter in der Nachspielzeit endgültig ausgeknockt – und das Finale gegen Schweden endete mit dem ersten WM-Titel für Deutschland. Auch die beiden nächsten Weltmeisterschaften wurden KGs Bühne: 2007 verteidigte sie den Titel und wurde 2011 ins All-Star-Team gewählt.

Rekordspielerinnen der Bundesliga

	Spielerin	Stammverein	Spiele
1.	Kerstin Garefrekes	1. FFC Frankfurt	355
2.	Anne van Bonn	FCR 2001 Duisburg/SC Sand	331
3.	Saskia Bartusiak	1. FFC Frankfurt	320
4.	Martina Müller	VfL Wolfsburg	311
5.	Simone Laudehr	FCR 2001 Duisburg	302

Angriff: Birgit Prinz

Birgit Prinz
(*1977)

Wichtigste Vereine:
FSV Frankfurt 1992–1998,
1. FFC Frankfurt 1998–2011

Nationalmannschaft:
1994–2011, 214 Spiele, 128 Tore

Größte Erfolge:
Weltmeisterin 2003, 2007, Europameisterin 1995, 1997, 2001, 2005, 2009, Deutsche Meisterin 1995, 1998, 1999, 2001, 2002, 2003, 2005, 2007, 2008, Deutsche Pokalsiegerin 1995, 1996, 1999, 2000, 2001, 2002, 2003, 2007, 2008, 2011, Champions-League-Siegerin 2002, 2006, 2008

Königin Prinz: Sandra Smisek (v.) wird auf dem rechten Flügel steil in Szene gesetzt, legt blitzschnell in die Mitte ab, wo Birgit Prinz (h.) das Leder überlegt und präzise ins rechte untere Eck schlenzt – das 1:0 im WM-Finale 2007, in dem die deutsche Elf den Titel gegen Brasilien verteidigt. Die ohne jeden Zweifel beste Stürmerin der deutschen Fußballgeschichte hat alle Torrekorde pulverisiert. Sie stand in drei Weltmeisterschaftsendspielen, schoss 14 Tore in 24 WM-Partien und hat je zehn Treffer bei Europameisterschaften und Olympischen Spielen zu Buche stehen.

Meiste Länderspiele

	Spielerin	Zeitraum	Länderspiele
1.	Birgit Prinz	1994–2011	214
2.	Kerstin Stegemann	1995–2009	191
3.	Ariane Hingst	1996–2011	174
4.	Anja Mittag	2004–2017	158
5.	Bettina Wiegmann	1989–2003	154

Meiste Länderspieltore

	Spielerin	Zeitraum	Länderspieltore
1.	Birgit Prinz	1994–2010	128
2.	Heidi Mohr	1986–1996	83
3.	Inka Grings	1998–2011	64
4.	Célia Šašić	2005–2015	63
5.	Alexandra Popp	2010–	53

Auf Europas Thron: Pia Künzer (v.) und Steffi Jones (r.) schultern Birgit Prinz und schreiten zur Krönung. Im Endspiel der Champions League gegen Umeå IK hatte Jones vorgelegt und Prinz alles klargemacht – das erste Triple im Frauenfußball überhaupt, dem 2008 das zweite folgte, erneut gegen den schwedischen Serienmeister. Mit neun Meistertiteln und zehn Pokalerfolgen ist Prinz die erfolgreichste Spielerin – und als achtfache Fußballerin des Jahres und dreifache Weltfußballerin das Aushängeschild des deutschen Frauenfußballs.

Deutschlands Fußballerinnen des Jahres

	Spielerin	Anzahl	Jahre
1.	Birgit Prinz	8	2001–2008
2.	Inka Grings	3	1999, 2009, 2010
	Dzsenifer Marozsán	3	2017, 2018, 2019
4.	Alexandra Popp	2	2014, 2016
	Célia Šašić	2	2012, 2015
	Martina Voss	2	1996, 2000

Legende
Silke Rottenberg

Zerberus im deutschen Tor: Silke Rottenberg stand von 1993 bis 2008 126-mal zwischen den deutschen Pfosten und verteidigte 68-mal die Null. Bei der Europameisterschaft 1997, als sie den kontinentalen Titel erstmals gewann, musste sie lediglich einmal hinter sich greifen, ihr Meisterstück lieferte sie aber bei der Weltmeisterschaft 2003 ab, als die deutsche Elf mit fantastischen 30:1 Toren in der Qualifikation und 25:4 Toren in der Endrunde erstmals Weltmeister wurde – nach dem Finale gegen Schweden wurde die reaktions- und sprungstarke Keeperin folgerichtig zur Torhüterin des Turniers gewählt.

Kronprinzessin
Alexandra Popp

Alexandra Popp (l.) schwebt über den Rasen des Maracanã in Rio de Janeiro (r. Josephine Henning). Seit 2010 trägt die Stürmerin das Nationaltrikot und trifft, wie sie will. Da sie 2013, als Deutschland letztmals die Europameisterschaft gewann, verletzt war, ist die olympische Goldmedaille ihr größter Erfolg im deutschen Dress. Mit ihren Vereinen hat sie dagegen alles gewonnen: Gleich in ihrer ersten Saison für den VfL Wolfsburg gewann sie 2013 das Triple und hat fantastische sieben Meisterschaften, elf Pokaltriumphe und drei Champions-League-Siege zu Buche stehen.

Talent
Lena Oberdorf

Nicht aufzuhalten: Beim Auftaktsieg bei der Weltmeisterschaft 2019 gegen China ging Lena Oberdorf ab durch die Mitte. Eine der jüngsten Debütantinnen und Torschützinnen der Nationalmannschaft, wurde die defensive Mittelfeldspielerin und Innenverteidigerin mit Offensivdrang gegen das Fußballreich der Mitte zur jüngsten deutschen WM-Spielerin – mit 17 Jahren, fünf Monaten und 20 Tagen. 2019 hat sie den DFB-Nachwuchspreis, die Fritz-Walter-Medaille, in Bronze erhalten, 2020 in Silber und 2021 in Gold – und ist längst schon einer der neuen Sterne am deutschen Frauenfußballhimmel.

Legende
Anne Trabant-Haarbach

Die Trabant: Anne Trabant-Haarbach war der erste Stern am deutschen Frauenfußballhimmel. Von der ersten Ausspielung bis zu ihrem Karriereende 1983 galt: Wo sie spielt, wird die Meisterschaft gefeiert – ob beim TuS Wörrstadt, dem Bonner SC oder der SSG 09 Bergisch Gladbach. Technisch brillant, enorm athletisch und eine geborene Anführerin, fungierte die Mittelfeldstrategin ab 1975 als Spielertrainerin, die ihren Mannschaften alles abverlangte. 1982 erfüllte sich, worauf Trabant-Haarbach seit Beginn ihrer Karriere Ende der 1960er-Jahre hingearbeitet hatte: Sie führte die deutsche Elf im ersten Länderspiel der Frauen überhaupt als Kapitänin aufs Feld.

Angriff: Inka Grings

Inka Grings
(*1978)
Wichtigste Vereine:
FCR 2001 Duisburg 1995–2011, FC Zürich 2011–2013
Nationalmannschaft:
1996–2012, 96 Spiele, 64 Tore
Größte Erfolge:
Europameisterin 2005, 2009, Deutsche Meisterin 2000, Deutsche Pokalsiegerin 1998, 2009, 2010, Schweizer Meisterin 2012, 2013, Schweizer Pokalsiegerin 2012, 2013, Champions-League-Siegerin 2009

Incredible Inka: Steffi Jones nannte die unglaubliche Inka Grings einst anerkennend und voller Bewunderung ein »Biest« und die unangenehmste Gegenspielerin, auf die man als Abwehrspielerin treffen konnte. Die brandgefährliche Angreiferin verpasste die Europameisterschaft 2001 in Deutschland, die Weltmeisterschaft 2003 sowie Olympia 2004 verletzt – und wollte schon die Flinte ins Korn werfen. Doch sie kämpfte sich zurück, wurde mit vier Treffern Torschützenkönigin der EM 2005 und mit sechs Treffern Torschützenkönigin der EM 2009. Im Endspiel 2009 köpfte sie gegen England das 4:2 (Foto) und legte das 5:2 nach, als die deutsche Elf 6:2 gewann und den Titel verteidigte.

Beste Torschützinnen der Bundesliga

	Spielerin	Stammverein	Tore
1.	Inka Grings	FCR 2001 Duisburg	314
2.	Conny Pohlers	1. FFC Turbine Potsdam	276
3.	Birgit Prinz	1. FFC Frankfurt	267
4.	Kerstin Garefrekes	1. FFC Frankfurt	246
5.	Martina Müller	VfL Wolfsburg	210

Beste deutsche Torschützinnen bei Europameisterschaften

	Spielerin	Turniere	Zeitraum	Tore
1.	Inka Grings	2	2005–2009	10
	Birgit Prinz	5	1995–2009	10
3.	Heidi Mohr	4	1989–1995	8
4.	Maren Meinert	4	1993–2001	5
5.	Bettina Wiegmann	5	1991–2001	5

Top-Torschützenköniginnen der Bundesliga

	Spielerin	Saison	Verein	Tore
1.	Inka Grings	1999/00	FCR Duisburg	38
2.	Heidi Mohr	1990/91	TuS Niederkirchen	36
	Conny Pohlers	2005/06	1. FFC Turbine Potsdam	36
4.	Shelley Thompson	2004/05	FCR 2001 Duisburg	30
5.	Sandra Smisek	1995/96	FSV Frankfurt	29
	Inka Grings	2008/09	FCR 2001 Duisburg	29

Außer Konkurrenz
Heidi Mohr (1967–2019)

Europas Fußballerin des Jahrhunderts: Als der Frauenfußball ins Rollen kam, war Heidi Mohr der erste große Stürmerstar der Nationalmannschaft. Vom Ende der 1980er- bis Mitte der 1990er-Jahre schoss sie alles in Grund und Boden, wurde von 1991 bis 1995 fünfmal in Folge Torschützenkönigin der Bundesliga, traf bei vier Europa- und zwei Weltmeisterschaften 18-mal ins Schwarze, hat mit 83 Toren in 104 Länderspielen die beste Torquote aller deutschen Stürmerinnen. 1999 wurde die Torschützin vom Dienst, die man mit Fug und Recht als »Bomberin der Nation« bezeichnen könnte, zu Europas Fußballerin des Jahrhunderts gewählt. 2019 starb Heidi Mohr, gerade einmal 51 Jahre alt, an einem Krebsleiden.

Legende
Nadine Keßler

Ein Drama mit Happy End: Zur Halbzeit des Champions-League-Endspiels 2014 hatte Tyresö DFF schon als der sichere Sieger ausgesehen, doch nach der Pause ging es richtig rund. Kurz vor dem Ende tankte sich Nadine Keßler (l.) über rechts durch und Martina Müller (r.) verwandelte zum 4:3-Endstand. Keßler war die Schlüsselspielerin des Wolfsburger Triples von 2013 sowie des Doubles von 2014 und wurde im Anschluss sowohl zu Europas Fußballerin des Jahres als auch zur Weltfußballerin gewählt. Kein Happy End: Nach dem Höhepunkt ihrer Karriere waren der Spielmacherin nur noch wenige Partien vergönnt, bevor sie, kurz nach ihrem 28. Geburtstag, verletzungsbedingt ihr Karriereaus verkünden musste.

Europas Fußballerinnen des Jahres und Weltfußballerinnen aus Deutschland

Jahr	Weltfußballerin	Europas Fußballerin des Jahres
2003	Birgit Prinz	
2004	Birgit Prinz	
2005	Birgit Prinz	
2013	Nadine Angerer	Nadine Angerer
2014	Nadine Keßler	Nadine Keßler
2015		Célia Šašić

Angriff: Célia Šašić

Célia Šašić
(*1988,
geb. Célia Okoyino da Mbabi)

Wichtigste Vereine:
SC 07 Bad Neuenahr 2004–2013,
1. FFC Frankfurt 2013–2015

Nationalmannschaft:
2005–2015, 111 Spiele, 63 Tore

Größte Erfolge:
Europameisterin 2009, 2013,
Deutsche Pokalsiegerin 2014,
Champions-League-Siegerin 2015

Das Beste zum Schluss: Im Endspiel der Champions League 2015 gegen Paris Saint-Germain köpfte Célia Šašić (M.) nach einer halben Stunde die Führung und der 1. FFC Frankfurt triumphierte zum vierten Mal in der europäischen Königinnenklasse. Am Ende der Saison hatte Šašić eine fantastische Bilanz vorzuweisen: Torschützenkönigin der Champions League mit 14 Toren in acht Spielen, der Bundesliga mit 21 Toren in 20 Spielen und der Weltmeisterschaft mit sechs Toren in sieben Spielen. Nach der WM erklärte die Stürmerin zur Überraschung aller – mit nur 27 Jahren und auf dem Zenit ihres Könnens – das Ende ihrer Karriere.

Die jüngsten Nationalspielerinnen

	Spielerin	Gegner	Ergebnis	Jahr	Alter
1.	Claudia Lübbers	Schweiz	11:0	1994	16 Jahre 99 Tage
2.	Célia Šašić	Australien	0:1	2005	16 Jahre 215 Tage
3.	Melanie Lasrich	Ungarn	0:1	1985	16 Jahre 229 Tage
4.	Birgit Prinz	Kanada	2:1	1994	16 Jahre 275 Tage
5.	Martina Voss	Finnland	1:0	1984	16 Jahre 286 Tage

Legenden
Martina Voss und Silvia Neid

Nach dem Endspiel um die deutsche Meisterschaft 1992 recken Martina Voss (l.) und Silvia Neid (r.) die Trophäe in die Höhe – ihr dritter gemeinsamer Titel mit dem TSV Siegen. Die 18-jährige Silvia Neid wurde 1982 beim ersten Länderspiel der deutschen Nationalelf eingewechselt und traf gleich doppelt, Voss debütierte zwei Jahre später, zusammen gewannen sie 1989, 1991 und 1995 die ersten drei Europameistertitel für Deutschland. Neid war bei allen großen Erfolgen der deutschen Nationalmannschaft – acht EM- und zwei WM-Titel sowie Olympia-Gold 2016 – an Bord, als Spielerin, Co-Trainerin oder Trainerin. Voss-Tecklenburg wurde 2018 Bundestrainerin und will der deutschen Erfolgsgeschichte des Frauenfußballs neue Kapitel hinzufügen.

Register

Bildnachweis

Umschlag: www.shutterstock.com: EFKS, stock.adobe.com: EdNal, Michelle

Innenteil: Alle Fotos von imago images: IMAGO/: S. 4: UPI Photo, S. 5 o.r.: Picture Point LE, u.l.: PA Images, Hartenfelser, S. 6: Sämmer, S.7 o.r.: WEREK, m.l.: ULMER Pressebildagentur, m.r.: ULMER Pressebildagentur, u.l.: Sven Simon, S. 8 m.r.: Sports Press Photo, u.l.: foto2press, S. 9 o.l.: Kicker/Liedel, o.r.: Ulmer, S.10/11: MIS, S. 12: Frinke, S. 13 o.: Team 2, u.l.: Avanti, u.r.: Colorsport, S. 14 o.: WEREK, u.l.: Sven Simon, u.r.: Gribaudi/ImagePhoto, S. 15 o.: Ulmer, u.: T-F-Foto, S. 16 o.: Kicker/Liedel, m.: Sven Simon, u.: Fishing 4, S.17 o.: DeFodi, m.: Sportfoto Rudel, u.: Sven Simon, S. 18: Team 2, S. 19 o.: WEREK, m.: WEREK, u.: Sven Simon, S. 20 o.: Frinke, u.: Sportfoto Rudel, S. 21 o.: Sven Simon, u.: ActionPictures, S. 22 o.: Pressefoto Baumann, u.: Camera 4, S. 23 o.: Camera 4, u.: Pressefoto Baumann, S. 24 o.: HJS, m.: Poolfoto UCL, u.: Marius Schwarz, S. 25 o.: Fotoarena International, u.: Sammy Minkoff, S. 26: Werner Otto, S. 27 o.: Sven Simon, u.: Kicker/Eissner, S. 28 o.: Sven Simon, u.l.: WEREK, u.r.: Horstmüller, S. 29 o.l.: RHR-Foto, o.r.: Sportfoto Rudel, u.: Sven Simon, S. 30 o.: Horstmüller, u.: Colorsport, S. 31 o.: Eibner, u.: AFLOSPORT, S. 32 o.l.: Bernd Müller, o.r.: United Archives International, u.: Xinhua, S. 33 o.: Kicker/Liedel, u.: Chai v.d. Laage, S. 34 o.: WEREK, u.: Matthias Koch, S. 35 o.: Mika Volkmann, m.: ActionPictures, u.: Avanti, S. 36 o.: Ferdi Hartung, u.: WEREK, S. 37 o.: Horstmüller, m.: WEREK, u.: Otto Krschak, S. 38 o.: Kicker/Metelmann, u.: Pressefoto Baumann, S. 39 o.: WEREK, m.: Colorsport, u.: WEREK, S. 40: Ulmer/Teamfoto, S. 41 o.: Sven Simon, u.l.: Sven Simon, u.r.: Horstmüller, S. 42 o.: Sportfoto Rudel, u.: Sportfoto Rudel, S. 43 o.: Werner Otto, u.: Kicker/Liedel, S. 44 o.: ULMER Pressebildagentur, u.: Sven Simon, S. 45 o.: WEREK, u.l.: ULMER Pressebildagentur, u.r.: ULMER Pressebildagentur, S. 46 o.: Picture Point LE, u.l.: Colorsport, u.r.: WEREK, S. 47 o.: WEREK, m.: Sven Simon, u.: WEREK, S. 48 o.: ActionPictures, u.: Jan Huebner, S. 49: Ulmer, S. 51 o.: Allstar, u.: Pressefoto Baumann, S. 52 o.l.: Sportfoto Rudel, o.r.: Sportfoto Rudel, u.: Laci Perenyi, S. 53 o.: Eisele, u.l.: Horstmüller, u.r.: Otto Krschak, S. 54 o.: Horstmüller, u.: ActionPictures, S. 55 o.: Kicker/Liedel, u.: Contrast, S. 56 o.l.: MB Media Solutions, o.r.: Ferdi Hartung, u.: Pressefoto Baumann, S. 57 o.: MIS, u.l.: Buzzi, u.r.: ANP, S. 58 o.: Xinhua, u.: MIS, S. 59 o.: Horstmüller, u.: Camera 4, S. 60 o.: Team 2, m.: Poolfoto UCL, u.: Sven Simon, S. 61 o.: Kicker/Eissner, m.: Claus Bergmann, u.: WEREK, S. 62 o.: Pfeil, u.: Sportfoto Rudel, S. 63 o.: Kicker/Liedel, m.l.: Fred Joch, m.r.: Pressefoto Baumann, u.: Colorsport, S. 64: Sven Simon, S. 65 o.: WEREK, u.: PRiME Media Images, S. 66 o.: Schwörer Pressefoto, u.l.: Michael Weber, u.r.: Kicker/Liedel, S. 67 o.: Horstmüller, u.: Sven Simon, S. 68 o.: Kicker/Liedel, u.: Laci Perenyi, S. 69 l.: Christian Schroedter, r.: Claus Bergmann, S. 70 o.: Frinke, u.l.: Werner Otto, u.r.: ZUMA Press/Keystone, S. 71 o.: Pressefoto Baumann, m.: Horstmüller, u.: WEREK, S. 72 o.: Bernd König, m.: Cordon Press/Miguelez Sports, u.: Sven Simon, S. 73 o.: kolbert-press, m.: Kicker/Eissner, Liedel, u.: WEREK, S. 74 o.: Kicker/Liedel, m.: Sven Simon, u.: Horstmüller, S. 75 o.: Colorsport, m.: Kicker/Eissner, u.: WEREK, S. 76 o.: Kicker/Metelmann, u.: motivio, S. 77 o.: Horstmüller, m.: Frinke, u.: Pressefoto Baumann, S. 78: Sven Simon, S. 79 o.: Sven Simon, u.: MIS, S. 80 o.: WEREK, u.l.: Sven Simon, u.M.: Laci Perenyi, u.r.: Sven Simon, S. 81 o.l.: Contrast, o.r.: Kessler-Sportfotografie, u.: Kicker/Liedel, S. 82 o.: Kicker/Metelmann, u.: ActionPictures, S. 83 o.: WEREK, u.l.: Rust, u.r.: Pressefoto Baumann, S. 84 o.: Thomas Zimmermann, M.: Horstmüller, u.: Kicker/Eissner, Liedel, S. 85 o.: Jan Hueber, u.: ANP, S. 86 o.: Sportfoto Rudel, u.: Kicker/Liedel, S. 87 o.: WEREK, u.: Kicker/Eissner, S. 88 o.: Eduard Bopp, u.: Camera 4, S. 89 o.: Camera 4/JIM, u.l.: Jan Huebner, u.r.: Ferdi Hartung, S. 90: Contrast, S. 91 o.: Laci Perenyi, u.: Shutterstock, S. 92 o.l.: Kicker/Liedel, o.r.: Horstmüller, u.: Sven Simon, S. 93 o.: Sven Simon, u.: Horstmüller, S. 94 o.: ActionPictures, u.: Sven Simon, S. 95: Kirchner-Media, S. 96 o.l.: Schüler, o.r.: WEREK, S. 97 o.: Uwe Kraft, u.: Uwe Kraft, S. 98 o.: Horstmüller, M.: WEREK, u.: Horstmüller, S. 99 o.: PRiME Media Images, M.: Kicker/Liedel, u.: WEREK, S. 100 o.: Kicker/Metelmann, u.: WEREK, S. 101 o.: WEREK, u.: WEREK. S. 102: Pressefoto Baumann, S. 102/103 u.: Camera 4, S. 103 o.: Ferdi Hartung, M.: AFLOSPORT, S. 104 o.: Ulmer/Cremer, u.: MIS, S. 105: Moritz Müller, S. 106 o.: Sven Simon, u.: Kicker/Metelmann, S. 107 o.: Colorsport, M.: Horstmüller, u.: WEREK, S. 108 o.: Lackovic, M.l.: Revierfoto, M.r.: Fred Joch, u.l.: Uwe Kraft, u.r.: teutopress, S. 109 o.l.: Enno Friedrich, o.r.: HJS, M.l.: Horstmüller, M.r.: Fred Joch, u.l.: Bernd Müller, u.r.: Norbert Schmidt, S. 110/111: Annegret Hilse, S. 112 o.: Frinke, M.: Horstmüller, u.: WEREK, S. 113 o.: WEREK, u.: WEREK, S. 114: Xinhua, S. 115 o.: Uwe Kraft, u.: Oryk HAIST, S. 116 o.: pmk, u.: photoarena/Eisenhuth, S. 117 o.l.: Kellner, o.r.: Norbert Schmidt, u.: Allstar, S. 118: Ulmer/Teamfoto, S. 119 o.: Sven Simon, M.: Bildbyran, u.: Contrast, S. 120 o.: PKP/John Todd, u.: Ulmer, S. 121: Martin Hoffmann, S. 122 o.l.: Sven Simon, o.r.: Annegret Hilse, u.l.: foto2press, u.r.: WEREK, S. 123: Sven Simon, S. 124 l.: Sven Simon, r.: foto2press, S. 125 o.: Sebastian Wells, u.: Horstmüller

Weitere Abbildungen Innenteil: stock.adobe.com: burak çakmak, Denchik, EdNal, envastudio, Jan Engel, michalsanca, mirkomedia, Olga Moonlight, openwater, Victoria, VRD, Željko Radojko